LE PETIT GUIDE DES ENCENS

AVERTISSEMENT

Toutes les informations qui vous sont données
dans ce livre le sont à titre informatif.
Elles ne constituent en aucune façon un diagnostic
ou un traitement médical.
En cas de problème de santé, veuillez consulter votre médecin.

Camille DAVAL

LE PETIT GUIDE DES ENCENS

Origine · Usages · Vertus

mercileslivres

SOMMAIRE

INTRODUCTION

Des *Mille et Une Nuits* aux confins de l'Orient aux marchés colorés de l'Inde, des temples bouddhistes aux églises occidentales, la coutume de l'encens est très différente selon les pays et son utilisation soumise à de nombreux rituels.

Mais que veut dire le mot « encens » ? Il provient du latin *incendere* qui signifie brûler, consumer. Il est souvent associé au mot « parfum » d'origine latine *per fumum*, c'est-à-dire « à travers la fumée ».

Au fil des siècles, l'encens a été utilisé de bien des façons. Dans les rites religieux, tout d'abord, et ce pendant des millénaires, puis dans la médecine ayurvédique et les rites méditatifs bouddhistes, avant de devenir, en Europe, le symbole du mouvement hippie des années 1970.

Mais qu'en est-il aujourd'hui ? L'encens est présent dans le monde entier et sous plusieurs formes (bâton, cône, résine, liquide) pour un usage privé et domestique. Il s'achète dans les commerces de proximité, mais au moment de choisir, il peut être difficile de s'y retrouver.

Alors, partons ensemble sur les traces des Rois mages, de la reine de Saba et de Marco Polo découvrir ou redécouvrir la route de l'encens...

Précautions d'usage

Tout comme les bougies et produits à combustion, l'encens dégage des particules. Il convient donc d'aérer la pièce après chaque utilisation. Il vous est également recommandé de ne pas :

- respirer directement la fumée
- laisser l'encens allumé à la portée des enfants et animaux sans surveillance
- placer l'encens sur un support inadapté à la chaleur

Si jamais vous avez désactivé vos détecteurs de fumée parce que vous faites brûler de l'encens en grains qui génère une fumée importante, n'oubliez pas de les rebrancher ensuite.

PRINCIPES D'UTILISATION

L'encens se présente sous de nombreuses formes. Toutefois, il existe deux types bien distincts :

- Les encens non façonnés : sous la forme de résines brutes, de grains ou de copeaux. Ces encens bruts nécessitent l'emploi d'un encensoir et d'un charbon ardent (si votre brûleur n'est pas électrique).
- Les encens façonnés : sous la forme de bâtons ou de bâtonnets, de cônes ou de serpentins.

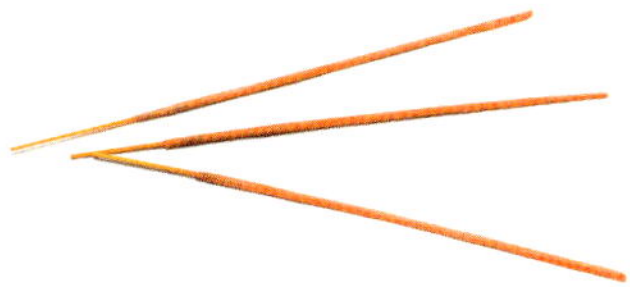

Il vous est conseillé d'acheter des encens estampillés « 100 % naturel », afin d'éviter toute adjonction de produits chimiques qui pourraient dégager des odeurs toxiques en brûlant.

COMMENT UTILISER L'ENCENS ?

- Pour la présentation en grains, il faut vous munir d'un brûle-parfum et d'un charbon ardent.

Déposez le charbon dans l'encensoir, que vous avez préalablement rempli d'un peu de cendre ou de sable. Allumez le charbon et patientez jusqu'à ce que la totalité de sa surface devienne rouge. Déposez quelques grains d'encens et attendez qu'ils fondent afin de dégager leurs arômes.

Attention : le charbon produit une chaleur très puissante. Munissez-vous d'une pince en acier pour le manipuler.

- Concernant l'encens en bâtons ou en cônes, leur emploi est plus simple.

Placez-les dans un support adapté à la chaleur et allumez leur extrémité. Soufflez sur la flamme et laissez-les se consumer. La combustion dure généralement une vingtaine de minutes.

- Quant aux supports, ils sont généralement en bois et de forme longue pour les encens indiens et en céramique pour les encens japonais.

QUELLE EST LA DIFFÉRENCE ENTRE CES ENCENS ?

L'encens japonais est réputé dégager moins de fumée que l'équivalent indien. De nombreuses personnes le préfèrent pour cette raison, car il est quelquefois difficile d'aérer certaines pièces après emploi.

Quant à l'encens en grains, la combustion du charbon dégage une très forte fumée. C'est pourquoi, de nos jours, on emploie plutôt un brûle-parfum électrique.

DESCRIPTION BOTANIQUE

De mémoire d'homme, il s'agit de la première matière odorante connue (ses traces remonteraient à 6 000 ans avant notre ère).

Avec la découverte du feu, les hommes préhistoriques, dont l'odorat était plus développé que le nôtre, avaient déjà remarqué que la pyrogénation de végétaux permettait la diffusion des odeurs par la production de fumée.

Nous pouvons donc imaginer que l'utilisation de la combustion de matières odoriférantes remonte à des millénaires, où le sacré et le profane étaient alors intimement liés.

Aujourd'hui, on entend par le mot « encens » toutes sortes de substances dont la combustion exhale une odeur.

Pourtant, au sens strict du terme, l'encens désigne la résine d'arbres appartenant au genre des *Boswellia* (ou arbres à encens). Il s'agit d'une espèce qui est répartie entre la corne de l'Afrique, le Yémen (région du Hadramaout) et l'Oman (région du Dhofar). À ce jour, il existe environ vingt-cinq espèces de *Boswellia*. Toutefois, le véritable encensier est le *Boswellia sacra* (variété de *Burseraceae*, identifié en 1867).

Depuis des millénaires, la récolte se réalise sur ces arbres. Elle dure six mois et commence au printemps. Les meilleurs arbres à encens peuvent fournir entre 3 kg et 10 kg de résine par récolte.

Dans ses carnets de voyage, Marco Polo a lui-même décrit ces arbres : « Je vous dis qu'il y a des arbres pas bien grands ; ils sont comme de petits sapins. On en entaille l'écorce en plusieurs endroits avec des couteaux, et par ces trous s'écoule l'encens, pareil à un liquide ou à une gomme, goutte à goutte, en grande quantité. Il en sort parfois de l'arbre sans entaille à cause de la très grande chaleur qui règne là ; ensuite, cela durcit et forme ainsi l'encens. »

Côté résines naturelles, il existe également la myrrhe, issue de l'arbre *Commiphora myrrha* qui pousse principalement en Afrique et au Yémen.

Il existe donc principalement deux variétés de *Burseraceae* : le *Boswellia sacra* (dont la résine est appelée *Frankincense* ou oliban) et le *Commiphora myrrha* (dont la résine est la myrrhe).

ÉTYMOLOGIE ET DÉFINITION

Nous l'avons déjà vu plus haut, le mot « encens » provient du latin *incendere* qui signifie brûler, consumer. Si, de nos jours, l'encens désigne en général « toute matière dont l'odeur se transforme par la combustion », il faut distinguer deux appellations bien différentes qui définissent l'encens original :

- *Frankincense* : mot anglais provenant de l'ancien français *franc*, « vrai encens ».
- oliban : mot arabe *al-luban* « lait », qui désigne la résine naturelle de l'arbre.

Le mot « encens » englobe donc tous les mélanges odorants naturels ou chimiques alors que les termes *Frankincense* et oliban désignent la résine aromatique issue des arbres *Boswellia*.

PARTIE 1

LES ENCENS DU MONDE

L'ENCENS EN INDE

UN PEU D'HISTOIRE

En Inde, les bâtons d'encens sont appelés agarbatti (en langue sanscrite, le terme *agar* signifie « arôme » et le terme *vatti* signifie « blessure » ou « chagrin »).

Indissociable de la médecine ayurvédique et de l'hindouisme, l'encens est présent partout sur le continent indien (temples, maisons, boutiques et bus).

À l'origine, l'encens est considéré comme la première phase de l'Ayurveda et était donc utilisé par les moines. Il reste aujourd'hui un élément important du rituel de la puja qui est une offrande religieuse effectuée par les hindous à leurs divinités lors de la création d'une nouvelle entreprise ou pour célébrer une occasion particulière. Ce rituel spécifique, le dhupa, qui inclut l'encens est pratiqué par les hindous qui allument l'encens devant l'image de la divinité, symbolisant le respect.

Un bâton d'encens est allumé pour introduire des parfums agréables et purifier l'air de l'énergie négative. Les cendres de l'agarbatti recueillies symbolisent le sacrifice de soi aux autres. Un sādhu (ou saint homme) en brûlera régulièrement en guise de geste envers Agni, le dieu du Feu, pour éloigner les forces invisibles qui doivent être continuellement apaisées par des offrandes et des rituels de purification. Leurs foyers sacrés, appelés dhuni, remplissent la même fonction que l'encens, à plus grande échelle, qui est de transformer la matière en éther. Brûler de l'encens est par conséquent un rappel du pouvoir sacré du feu de transformer et du voyage ultime de toute matière physique vers l'esprit.

LE SAVIEZ-VOUS ?

Jusqu'en 2015, l'Inde a été le plus grand exportateur d'encens. Aujourd'hui, le pays est concurrencé par la Somalie et l'Érythrée.

MÉTHODES DE FABRICATION

Dans l'Ayurveda, les Vedas nous enseignent une méthode uniforme de production. Profondément enracinée dans la culture de la médecine ayurvédique, cette fabrication des encens indiens suit des procédés précis bien établis.

Depuis la fin du XIXe siècle, la méthode traditionnelle indienne emploie un bâton de bambou comme tige, sur laquelle sont assemblés une pâte (poussière de charbon ou sciure de bois) et un masala (mélange parfumé d'huiles ou de plantes). Cette technique est aussi appelée « technique florale ».

Dans les masalas traditionnels, on utilise généralement de l'ambre, de la myrrhe, de l'oliban et de l'halmaddi. Certains fabricants suivent dans leurs procédés les principes ayurvédiques pour lesquels les ingrédients sont classés en cinq classes (Éther : fruits ; Eau : tiges et branches ; Terre : racines ; Feu : fleurs ; Air : feuilles).

Cette méthode se différencie de celle (roulée ou façonnée à la main) dont on se sert aujourd'hui en Inde pour la fabrication des dhoop et des cônes.

Le dhoop est un type d'encens extrudé, dépourvu d'un noyau de bâton de bambou. Il a en général une odeur très concentrée et émet beaucoup de fumée lorsqu'il est brûlé.

De nos jours, il existe plus de 5 000 fabriques d'encens en Inde, recourant au procédé manuel ou semi-manuel. Certains travailleurs expérimentés peuvent produire à domicile jusqu'à 4 000 bâtonnets bruts par jour.

L'entreprise indienne la plus célèbre est la société Satya (et son encens Nag Champa).

LE SAVIEZ-VOUS ?

Le masala est un terme courant dans la cuisine d'Asie du Sud. Il désigne un mélange d'épices.

USAGE DANS LA MÉDECINE AYURVÉDIQUE

L'Ayurveda, la médecine traditionnelle indienne, tient son nom du sanskrit *ayur* qui signifie « la vie » et de *veda* qui signifie « la connaissance ». Son origine remonterait, selon certaines sources, aux Vedas, un ensemble de textes anciens datant de la période védique (IIe millénaire avant J.-C.). Transmis par les rishis (personnes inspirées), ces principes ayurvédiques ont traversé les siècles.

La définition la plus commune de l'Ayurveda est la « connaissance de la vie ou de la longévité ».

LE SAVIEZ-VOUS ?

Dans le brahmanisme, les rishis sont considérés comme d'anciens sages qui auraient « entendu » (Sruti) le Veda primordial. Dans l'hindouisme, ils sont considérés comme des yogis qui, en méditation profonde, entendirent les « hymnes » du Veda émanés du brahmane.

Transmise par voie orale pendant des millénaires, cette médecine traditionnelle et holistique considère l'individu dans sa globalité et cherche à équilibrer le corps et l'esprit.

Selon certaines sources, ses premières traces remontent à 5 000 ans.

La médecine ayurvédique s'apparente à un art de vivre. Elle prend en compte tous les aspects de l'être humain et vient compléter la médecine moderne en proposant des remèdes naturels basés sur la prévention. L'alimentation, l'hygiène de vie en général s'adaptent au rythme moderne des individus d'aujourd'hui et du quotidien.

En 1982, l'Organisation mondiale de la santé (OMS) a reconnu l'Ayurveda comme médecine traditionnelle.

Aujourd'hui, des hôpitaux et cliniques privées sont entièrement dédiés à la pratique de l'Ayurveda et où les vaidyas (thérapeutes corporels) établissent les diagnostics et prescrivent les traitements.

LE SAVIEZ-VOUS ?

Selon l'OMS, au Népal, 75 % de la population ont recours à la médecine ayurvédique. Dans tout le sous-continent indien, et notamment au Sri Lanka, les médecins ayurvédiques sont plus nombreux que les praticiens modernes. Cette différence entre ces deux médecines a été permise grâce au ministère de la Médecine indigène créé par le gouvernement sri-lankais en 1980.

La médecine ayurvédique a connu ensuite un engouement à l'international grâce à la pratique du yoga qui s'est exportée. Le yoga est à l'origine une pratique issue de l'Ayurveda, tirant son enseignement du prana (énergie vitale), ainsi que de l'approche holistique.

Traditionnellement, selon les principes de l'Ayurveda, chaque individu est considéré comme une réplique miniature de l'Univers : un microcosme. L'Univers et l'être humain seraient tous deux constitués de cinq facteurs physiques (mahabhutas) : l'Éther, l'Air, le Feu, l'Eau et la Terre.

Selon les textes, dans l'être humain, l'Air se retrouve dans la respiration, l'Éther dans les espaces entre les os et les tissus, le Feu dans le mécanisme de transformation des aliments et énergies, l'Eau sous la forme du sang et de la lymphe et la Terre représente la stabilité du squelette et des cellules.

Dans la médecine ayurvédique, ces cinq éléments sont dotés de vingt attributs (ou qualités) appelés guvardigunas (ou gunas). Ces gunas permettent de décrire les individus et, généralement, d'établir des diagnostics. Ils s'organisent par paires opposées de dix (léger/lourd, rapide/lent, chaud/froid, sec/gras, rugueux/tendre, liquide/solide, dur/mou, mobile/immobile, massif/subtil, collant/non collant).

Il en résulte deux principes fondamentaux : le semblable augmente le semblable et les opposés s'équilibrent.

Dans ce cadre, une peau sèche sera traitée par l'application de corps gras ou huileux afin de lui apporter de l'humidité.

Les doshas

Les doshas représentent trois combinaisons composées de deux éléments.

Le dosha Vata
Air et Éther, représentant le mouvement et notamment la respiration.

Le dosha Pitta
Feu et Eau, représentant la transformation et notamment la digestion.

Le dosha Kapha
Eau et Terre, représentant la stabilité et la structure, notamment les os.

Chaque individu possède donc ces éléments qui font parfois l'objet de déséquilibres. L'environnement de ces personnes peut influencer les doshas de leurs corps et créer ces déséquilibres.

Ce sont ces doshas que le médecin ayurvédique doit identifier afin de pouvoir proposer un traitement.

L'Ayurveda est basée sur la croyance que la santé et le bien-être dépendent d'un équilibre délicat entre la conscience, le corps et l'esprit. Les perturbations des doshas causent les maladies et maux dont souffrent les individus. Cette médecine holistique cherche à les rééquilibrer en leur établissant un diagnostic personnalisé et en les invitant à s'adapter au rythme de la nature (heures, saisons, et menstruations pour les femmes).

Au quotidien, l'Ayurveda propose des pratiques faciles à suivre :

- Le régime alimentaire personnalisé.
- La détoxification et les méthodes de purification.
- Le yoga et les exercices respiratoires.
- La méditation.
- L'utilisation de remèdes à base de plantes et de minéraux.
- Le massage et rituels holistiques.

LES SEPT CHAKRAS

Issu des croyances de l'hindouisme, le mot *chakra* signifie « roue d'énergie ». Ils désignent les « centres de lumière et d'énergie » et auraient une réalité physique et physiologique, au même titre que les autres organes.

Selon la croyance, les chakras sont chacun reliés à l'une des sept couleurs de l'arc-en-ciel et chacun vibre à l'une des sept notes de musique. Situés le long de la colonne vertébrale (le Canal de Lumière), ils font le lien entre la Terre et le Ciel.

Les sept chakras sont le siège de la kundalini (terme emprunté au yoga correspondant à une puissante énergie spirituelle dont le siège se localise à la base de la colonne vertébrale).

Ils se divisent comme suit :

- **Chakra de la Couronne (Sahasrara) :** couleur blanc ou violet. Se situe sur le sommet de la tête au niveau du plexus cérébral. Se rapporte à la spiritualité et à la sagesse.

- **Chakra du Troisième Œil (Ajna) :** couleur indigo. Se situe au niveau du plexus pinéal (entre les deux sourcils). Se rapporte à la connaissance de soi, l'intuition, la clarté, l'inspiration, l'éveil et la méditation.

- **Chakra de la Gorge (Vishuda) :** couleur bleu. Se situe au niveau du plexus carotidien (la gorge). Se rapporte à la communication, la créativité, la capacité de guider les autres.

- **Chakra du Cœur (Anahata) :** couleur rose ou vert. Se situe au niveau du plexus cardiaque et de la poitrine. Se rapporte à l'amour de soi et des autres, à la paix, à la compassion.

- **Chakra du Plexus solaire (Manipura) :** couleur jaune. Se situe au niveau du plexus solaire (creux de l'estomac). Se rapporte à l'affirmation de soi, au pouvoir, à l'ego et aux émotions négatives.

- **Chakra du Hara (Swadhistana) :** couleur orange. Se situe au niveau du ventre (3 cm sous le nombril). Se rapporte à la force vitale, à la joie de vivre. Appelé aussi chakra sacré.

- **Chakra de la Base (Muladhara) :** couleur rouge. Se situe au niveau du plexus pelvien (entre l'anus et les parties génitales). Se rapporte à la naissance, à la fécondité, à la procréation.

L'ENCENS DANS LES RITUELS AYURVÉDIQUES

Les plantes ou résines qui composent l'encens dans la médecine ayurvédique ont, en fumigation, une action sur les différents centres vitaux (chakras).

La fumigation permet, selon les croyances, de lutter contre les rhumatismes et les maux du tube digestif, ainsi que des voies respiratoires. L'encens permettrait alors de rééquilibrer les doshas en stimulant chaque chakra avec une senteur particulière.

En Inde, l'encens est brûlé pendant les rituels religieux afin d'établir un lien entre le Terre et le Ciel, entre le monde terrestre et le divin.

Dans le culte de Shiva, les brahmanes le brûlent tous les jours devant la représentation du dieu. L'encens occupe également une place importante dans le culte de Krishna.

EXEMPLES DE PLANTES ET ENCENS UTILISÉS DANS LES RITUELS AYURVÉDIQUES

Le curcuma (*Curcuma longa*) ou safran des Indes

De la famille du gingembre et originaire du Sud-Est asiatique, le curcuma est une épice de couleur jaune très connue en Asie depuis des milliers d'années.

Le rhizome est régulièrement employé en cuisine (notamment indienne) et parfume, colore en jaune les préparations.

Souvent combinée au curry, cette épice agit comme actif dans les compléments alimentaires. Ses propriétés sont nombreuses et bénéfiques au corps (soulagements cardio-vasculaires, articulaires, intestinaux, hépatiques, musculaires). Elle est également antioxydante et anti-inflammatoire. Associée au poivre noir, ses principes actifs sont augmentés.

Dans la médecine ayurvédique, le curcuma est utilisé dans les inhalations de fumée. Il est saupoudré sur un coton imbibé de ghee qui est ensuite allumé. La fumée inhalée aide à décongestionner les sinus.

La citronnelle ou verveine des Indes

Dénommée *lemon grass* en anglais ou encore herbe citron, la citronnelle diffuse une odeur qui se rapproche du citron et du gingembre. Depuis des millénaires, en Asie, elle est un ingrédient culinaire.

La citronnelle possède de nombreuses propriétés (antibactériennes, antiseptiques, désodorisantes, purifiantes).

Son encens est utilisé dans la médecine ayurvédique pour ouvrir ses chakras. On s'en sert pour lutter contre la mélancolie et l'inquiétude.

Il s'agit également d'un antimoustique adopté depuis des siècles par les moines indiens qui, méditant en extérieur, souhaitent se protéger des insectes indésirables.

LES ENCENS AYURVÉDIQUES

Depuis quelques années, dans de nombreux magasins physiques et e-shop se vendent des encens en bâtonnets ou en cônes fabriqués selon les principes de l'Ayurveda et de ses bienfaits. Si vous souhaitez vous connecter à vos chakras et équilibrer vos doshas, adoptez-les.

Généralement, vous y trouverez les variétés suivantes :

- « **Pureté** » : **chakra de la Gorge** – fleur *Michelia champaca*, girofle et myrrhe.
- « **Amour** » : **chakra du Cœur** – rose, camphre, santal et vétiver.
- « **Énergie** » : **chakra du Plexus solaire** – henné, nard et santal.
- « **Intuition** » : **chakra du Troisième Œil**– fleurs indiennes, citron et géranium.
- « **Paix** » : **chakra de la Couronne** – santal, nard, palmarosa et vétiver.
- « **Harmonie** » : **chakra du Hara** – jasmin, basilic sucré et tubéreuse.
- « **Joie** » : **chakra de la Base** – santal rouge, patchouli, fleur de la nuit.

Certains encens sont dédiés au rééquilibrage des doshas :

- « **Vata** » : Air et Éther.
- « **Pitta** » : Feu et Eau.
- « **Kapha** » : Eau et Terre.

Ils sont traditionnellement fabriqués en Inde dans l'État du Karnataka selon la méthode du Dry masala bhattis.

L'ENCENS AU JAPON

UN PEU D'HISTOIRE

Importé par la Chine au VXe siècle en même temps que la religion bouddhiste, l'encens fait son apparition au Japon assez tardivement. Mentionné dans l'un des plus anciens documents historiques du pays, le *Nihon Shoki*, il aurait été utilisé dès 595 lors du règne de l'impératrice Suiko et du prince Shotoku.

Indissociables de la religion bouddhiste qui a connu un réel engouement grâce à l'influence du prince Shotoku, l'utilisation et la fabrication de l'encens eurent un développement très rapide sur tout l'archipel, même si le bois – un de ses composants – devait être alors importé de la Chine par bateaux.

LE SAVIEZ-VOUS ?

Des entreprises centenaires japonaises existent encore aujourd'hui. Il s'agit des sociétés Baieido (1657) et Nippon Kodo (1575).

Au VIIIe siècle, le moine bouddhiste chinois Ganjin fit découvrir aux Japonais la pratique du nerikô, un mélange de boulettes réalisées à partir de poudre de bois d'agar, de bois de santal, de miel et d'autres plantes odoriférantes.

L'usage de l'encens se démocratisa ensuite par l'émergence d'un très fort artisanat japonais en raison de son utilisation systématique par les moines pour purifier l'intérieur des temples bouddhistes.

Ce nouvel art de l'encens séduisit les nobles, qui inventèrent la pratique du sorada-kimono, puis le jeu des billes d'encens appelé takimono-awase. Ils organisèrent des compétitions afin d'élire celui qui aura su créer le mélange parfumé le plus subtil.

Particulièrement appréciée des membres de la cour impériale, la combustion de l'encens est par la suite devenue populaire et sa fonction d'offrande religieuse fut ensuite détournée pour devenir un art et un divertissement à part entière (la Voie de l'encens).

Désormais, deux usages sont reconnus :

- L'usage purificateur et thérapeutique.
- L'usage religieux lié au culte des ancêtres (lors des cérémonies bouddhistes de deuil, l'encens est brûlé et posé devant le butsudan, l'autel des ancêtres).

Aujourd'hui, l'artisanat japonais en matière d'encens est reconnu internationalement et se distingue de son voisin indien.

MÉTHODES DE FABRICATION

Les principales différences entre les deux sont le peu de fumée que les bâtons dégagent lors de la combustion et l'absence de tiges en bambou.

Au Japon, il existe trois types d'encens :

- **Le kunko :** chauffage ou combustion de petits morceaux de bois odorants.
- **Le shoko :** encens à combustion directe sous forme de bâtonnets ou de cônes formés à partir de pâte, généralement utilisé pour fumiger et nettoyer les espaces.
- **Le zuko :** poudre d'encens ou morceaux parfumés enveloppés dans un sachet. La matière n'est ni chauffée ni brûlée.

La forme actuelle la plus répandue est le bâton. C'est un mélange de poudre de liant, de matières parfumées réduites en poudre et d'eau. Les versions les plus chères sont souvent des mélanges purs de matières parfumées de haute qualité.

Les bois principaux, au Japon, sont le bois d'agar et le bois de santal. On recourt également au tabunoki (*Machilus thunbergii*), bois prisé pour son écorce (dont la pâte argileuse est appelée makko). Cette pâte makko est généralement roulée en fins bâtonnets coupés de manière égale, laissés séchés sur des plateaux en bois, emballés, puis vendus.

Ces bâtonnets sont conçus par des artisans qualifiés par de nombreuses années d'expérience. De nombreux paramètres rentrent en compte : la température, l'humidité et le temps de séchage, afin de créer et contrôler toutes les variables qui peuvent affecter leur fabrication.

L'ART DU KÔDÔ

Le kôdô (du terme japonais *koh* qui signifie « encens ») est un art traditionnel japonais tout comme l'Ikebana (l'art traditionnel des fleurs) et le chanoyu ou cado (la cérémonie du thé).

LE SAVIEZ-VOUS ?

La pratique du kôdô était également réservée aux samouraïs de haut rang qui parfumaient leurs casques et armures avec de l'encens avant de se rendre sur le champ de bataille.

Le kôdô signifie « la Voie de l'encens ». Il peut se définir comme l'art d'apprécier le parfum des encens. On ne sent pas les odeurs, on les « écoute ».

C'est au XIVe siècle que cet art est né. Imprégné des principes du bouddhisme, il contribue à la recherche d'une spiritualité et d'un esthétisme qui transcendent le plaisir olfactif.

Sa pratique codifiée a longtemps été réservée à la famille impériale et à l'aristocratie. Ce n'est qu'au XVIIe siècle que les femmes de la haute société et les courtisanes furent autorisées à y être initiées.

C'est également à cette période que des écoles furent créées et dirigées par les maîtres d'encens, les plus célèbres étant celles de Shino-ryu et Oie-ryu. Pendant longtemps, la Voie de l'encens a reposé sur une tradition orale transmise du maître à l'élève.

LA CÉRÉMONIE DU KÔDÔ

La Voie de l'encens peut être pratiquée seul ou en groupe, assis sur un tatami dans une pièce où silence et concentration sont exigés.

Généralement, de six à quinze personnes participent à la cérémonie qui est dirigée par un maître de kôdô, appelé komoto, chargé de faire sentir à chacun diverses préparations versées dans des récipients en porcelaine, lesquelles contiennent généralement différents morceaux de bois odoriférants (kôboku) chauffés par un charbon de bois. Il s'agit alors de mémoriser les odeurs et les identifier.

Plusieurs senteurs sont ainsi proposées aux participants qui sont ensuite interrogés par le maître. Selon les réponses données, il évaluera si « l'écoute de l'encens » leur a permis de transcender le plaisir olfactif.

Dès le XVe siècle, les « dix vertus de l'encens » ont été répertoriées :

- Aiguise les sens.
- Purifie le corps et l'esprit.
- Élimine les « polluants ».
- Réveille l'esprit.
- Guérit la solitude.
- Calme les périodes agitées.
- N'est pas désagréable même en grande quantité.
- Même de petites quantités suffisent.
- Ne se décompose pas après une longue durée.
- Une utilisation quotidienne ne nuit pas à la santé.

Même si la cérémonie du kôdô n'a jamais atteint une renommée internationale comme celle du thé, elle est toujours pratiquée par des amateurs. Ses adeptes recherchent dans cet art un moyen de s'évader et de se détendre.

L'ENCENS EN CHINE

UN PEU D'HISTOIRE

L'encens aurait été utilisé en Chine depuis la période du Néolithique. Sous la dynastie des Han (206 avant J.-C.), il a atteint son apogée via la construction de salles spécifiques à des cérémonies de l'encens. Considéré comme aussi précieux que l'or, l'encens était une matière prestigieuse d'égale importance au jade.

En chinois, le terme *xiang* désigne l'encens, mais également « parfum, odeur, arôme et épice ». Si important dans le pays, ce caractère représente encore aujourd'hui une clé essentielle de l'écriture chinoise classique.

Puis, avec l'arrivée du bouddhisme, l'encens sous forme de bâtons calibrés et les horloges d'encens ont été introduits.

Dans les temples bouddhistes, confucianistes ou taoïstes, il convient d'en brûler une fois par mois.

MÉTHODES DE FABRICATION

En Chine, l'encens apparaît sous diverses formes.

Des serpentins pendent des toits et dispersent au vent les prières que les personnes insèrent au centre du rouleau d'encens.

Certains bâtonnets ont un diamètre aussi large qu'un tronc d'arbre ou ne peuvent aussi mesurer, à l'inverse, que quelques millimètres de diamètre.

Traditionnellement, l'encens chinois est composé d'ingrédients que l'on retrouve dans la médecine traditionnelle tels que le bois d'agar, le bois de santal, le benjoin, le cèdre, le camphre, le clou de girofle, l'anis étoilé, la cannelle et l'ambre.

L'HORLOGE À ENCENS (OU HORLOGE À FEU)

Dans l'Histoire, plusieurs instruments anciens ont permis de mesurer le temps. Nous connaissons le cadran solaire (né en Égypte au IVe siècle avant notre ère) et le sablier (né en Europe au VIIIe siècle).

Or, en Asie, il existait un instrument particulier appelé « horloge à encens ». Née au VIe siècle (en Inde ou en Chine selon les sources), elle devient populaire en Chine au Xe siècle, car elle pouvait mesurer le temps (les minutes, les heures et les jours) en fonction de la durée de combustion connue des sticks d'encens.

Ces horloges étaient constituées d'un corps en encensoir et de fils munis de poids attachés à intervalles réguliers. Les poids tombaient alors sur un plateau ou sur un gong signifiant qu'un temps défini s'était écoulé.

De nombreux exemplaires étaient présents dans les temples, mais aussi dans les maisons les plus riches.

LE SAVIEZ-VOUS ?

Jusqu'en 1924, au Japon, les horloges à encens servaient à mesurer le temps passé en compagnie d'une geisha, ce qui déterminait le prix à payer. En Chine, elles marquaient les espaces dans la prise de médicaments.

Ces horloges contenaient différentes sortes d'encens et les odeurs pouvaient différer en fonction des unités de mesure.

USAGE DANS LA MÉDECINE CHINOISE

La médecine traditionnelle chinoise (appelée MTC) se réfère traditionnellement à l'imposant corpus de textes dont les premiers remonteraient au Ve siècle avant J.-C. Elle fait partie des trois grandes médecines traditionnelles savantes avec celle du monde méditerranéen (galénisme) et celle de l'Inde (Ayurveda).

La médecine traditionnelle chinoise est fondée sur l'équilibre, l'harmonie et l'énergie. Elle comprend quatre principes fondamentaux (le Qi, le Yin et le Yang, le Tao et le Wuxing).

Tout comme la médecine ayurvédique indienne, elle prend en considération le bien-être global de la personne (aussi bien physique que psychique).

Depuis le XXe siècle, elle est perçue comme une alternative ou un complément à la médecine moderne. Elle est non conventionnelle. Toutefois, en 2002, son intérêt est reconnu par l'OMS.

Avec l'expansion de l'Empire chinois, elle s'est étendue à l'Asie centrale et du Sud-Est, au Japon et à la Corée. Elle a également subi des influences d'autres traditions médicales (par sa voisine l'Inde et, plus tard, par l'Europe, ainsi que par le monde musulman avec la création de la route de la soie).

LE SAVIEZ-VOUS ?

L'un des premiers médecins français à s'intéresser à l'acupuncture est Louis Berlioz, au début du XIXe siècle.

Les premiers contacts de l'Occident avec cette médecine remontent au XVIe siècle.

Lors de la seconde moitié du XXe siècle, l'acupuncture s'est répandue en Occident en qualité de pratique médicale. Elle est souvent conseillée comme complément à la médecine moderne lors de traitements contre le stress ou pour lutter contre la douleur.

Tout comme la médecine ayurvédique, la médecine chinoise considère l'individu comme une réplique miniature de l'Univers : un microcosme.

De cette notion, découlent les principes clés suivants :

- L'emboîtement primordial du rond et du carré : la Terre représente le carré et le Ciel représente le rond. L'homme se définit par sa droiture reposant sur la Terre (pieds carrés) et tendue vers le Ciel (tête ronde). Les hommes seraient coupables ou malheureux lorsqu'ils cessent de lever la tête. L'individu serait constitué par un corps animé par un souffle Qi. Chaque organe possède son propre Qi qui est régi par un esprit particulier (âme ou esprit) qui réagissent entre eux.
- La maladie est considérée en Chine ancienne comme une accumulation successive de pathologies du Qi ou un déséquilibre du Ying et du Yang.

Les traitements de la médecine chinoise commencent par l'établissement du diagnostic (pa-kang). Ces aspects pathologiques se définissent et se synthétisent en huit rubriques constituées de quatre couples de contraires : le Yin/Yang, le dessus/dedans, le chaud/froid et le vide/plein. Elle utilise la métaphore de l'arbre-maladie : les symptômes les plus apparents ne sont que des branches, sous lesquelles on peut apercevoir le tronc, lequel se poursuit par des racines.

LE SAVIEZ-VOUS ?
Les hôpitaux parisiens l'Hôtel-Dieu et Tenon disposent d'un service d'acupuncture.

Selon la tradition, l'équilibre harmonieux établi au sein du corps humain peut être rompu lorsque le Qi est bloqué et se retrouve en trop grande quantité ou légèrement déficient dans certaines parties du corps appelées les « méridiens ». La médecine traditionnelle chinoise vise donc à prévenir les maladies et à améliorer l'état de santé du patient.

Au quotidien, la médecine chinoise propose des pratiques faciles à suivre :

- L'acupuncture.
- La moxibustion.
- Le massage Tui-na.
- La thérapie par ventouses ou cupping.
- La pharmacopée comme la phytothérapie.
- La nutrition.

Sont également souvent prescrits des exercices énergétiques tels que le tai-chi-chuan et le qi gong.

LA FUMIGATION DANS LA MÉDECINE CHINOISE

Dans la médecine chinoise, l'une des pratiques courantes de fumigation s'appelle la moxibustion. Elle vise à réchauffer à l'aide de moxas (bâtonnets d'armoise séchée) que l'on fait brûler à proximité des points des méridiens pour les chauffer. Elle se présente comme une alternative à l'acupuncture et à l'acupression.

En forme de cônes de différentes tailles, les bâtonnets d'armoise sont placés en général directement au contact de la peau, à l'emplacement des points d'acupuncture.

Une fois allumé, le cône n'est séparé de la peau que lorsque le patient ressent une très forte sensation de chaleur. L'opération est répétée sept fois sur chacun des points d'acupuncture à stimuler.

Cette technique peut être utilisée seule ou combinée aux aiguilles. Elle est présentée dans le *Classique interne de l'empereur Jaune* (*Huangdi Nei Jing*, en chinois), ouvrage fondateur de la médecine chinoise datant de 2 600 ans environ, comme l'une des cinq techniques de la médecine chinoise. Elle serait la thérapie la plus ancienne du pays.

Produisant une très forte fumée odorante et parfois désagréable, le moxa a de nombreux effets. Lorsque le patient ressent un vide de Yang, il permet de tonifier, d'activer le Qi et le sang dans les méridiens. Cette technique participe à la prévention des rhumatismes, des troubles gynécologiques comme les menstruations douloureuses et concerne les patients souffrant d'anémie.

Aujourd'hui, les moxas sont peu à peu remplacés par des outils de substitution, comme des lampes chauffantes électromagnétiques ou des torches de butane qui n'émettent aucune fumée.

Attention, toutefois, à ne pas pratiquer la moxibustion chez vous, sous peine de créer des déséquilibres ou pire, de sévères brûlures. Faites appel à un professionnel.

EXEMPLES DE PLANTES UTILISÉES DANS LES RITUELS CHINOIS

Le camphre (*Cinnamomum camphora*)

Le camphre provient du camphrier. Cet arbre pousse en Asie de l'Est et peut mesurer jusqu'à 40 m de hauteur avec un diamètre de 5 m.

Le camphre est formé par la distillation de morceaux de racines, de tiges ou d'écorces de l'arbre. Il se présente comme un solide cristallin, blanc, translucide, onctueux au toucher et à l'odeur amère.

Son nom provient du latin *camfora*, lui-même issu du malais *kapur Barus* qui signifie « craie de Barus ».

LE SAVIEZ-VOUS ?

Le camphre est le principal composant du baume du tigre, cette pommade connue internationalement. Si vous avez les pieds froids, il est conseillé de les masser avec cet onguent.

Les marchands malais qui le vendaient aux négociants venus d'Inde et du Moyen-Orient ont contribué à l'expansion et à la réputation de cette matière odorante.

Depuis des millénaires, le camphre est utilisé pour ses vertus antiseptiques et anesthésiques. Toutefois, ingéré en fortes doses, il peut se révéler mortel.

Traditionnellement, dans certains pays asiatiques, les meubles étaient construits en bois de camphrier, son composé agissant comme un antimite naturel.

Il est très utilisé en phytothérapie pour ses propriétés qui participent à la lutte contre les inflammations de l'hiver et stimulent le système respiratoire.

Son odeur très puissante, proche de celle du romarin et de l'essence de térébenthine, permet lors de la fumigation de désinfecter l'espace. Il est recommandé toutefois d'aérer pendant la fumigation afin de ne pas respirer la fumée.

L'opium (*Papaver somniferum*)

Puissant psychotrope, l'opium jouit d'une réputation sulfureuse. Longtemps considéré comme la « drogue des poètes », ce liquide provient du pavot somnifère récolté grâce aux incisions pratiquées sur la capsule de la plante au petit matin, lorsque les fleurs sont tombées. Ce liquide contient une très forte dose d'alcaloïdes (tels que la morphine et la codéine).

Préparé, il devient un puissant psychotrope qui conduit son consommateur à un état d'euphorie, de somnolence ou à un état hypnotique.

La médecine s'est, depuis des millénaires, inspirée de l'opium pour la pharmacopée moderne avec la création de la morphine, de la codéine et du laudanum.

Connue depuis le IIIe millénaire avant J.-C. chez les Sumériens, la capsule de pavot a fait l'objet de commerce pendant des siècles. En Grèce antique, elle était déjà connue sous le nom de *opion* (jus de pavot). Au XVIe siècle, sa commercialisation devient un monopole d'État sous le règne des Moghols.

Toutefois, à partir du XVIIIe siècle, la consommation d'opium en Chine était tellement importante que l'empereur tenta d'interdire l'importation de ce psychotrope. Ces mesures n'ayant pas été suivies, le commerce s'est mué ensuite en un trafic entre la Chine et l'Inde, ce qui conduisit aux guerres de l'Opium (1839-1842 et 1856-1860).

Si l'opium à fumer est aujourd'hui interdit, on en retrouve toutefois la senteur dans l'encens à brûler. Son odeur est douce et sensuelle. Il s'agit d'un puissant aphrodisiaque.

Le jasmin

Avec la rose, le jasmin est l'une des fleurs reines de la parfumerie. Fleur d'un arbuste de la famille des *Oléacées* principalement cultivé en Chine, il tire son nom de l'arabe *yasamin*. Ses efflorescences jaunes ou blanches sont très odorantes.

Alors que les encens proviennent principalement de la résine de différents arbres, celui de jasmin est traditionnellement extrait de la fleur elle-même, ce qui lui procure une odeur douce et facilement reconnaissable.

En Chine, cet encens est réputé pour traiter les maux de tête, l'insomnie et les douleurs articulaires. Favorisant le calme, il permet de retrouver l'équilibre et la confiance. Il est également associé à la fertilité, à la beauté et à la douceur féminine.

On l'utilise aussi pour faciliter l'accouchement. Relié au chakra sacré, il agit sur les émotions. C'est également un encens d'amour, car son odeur influe sur les émotions et favorise la passion.

L'ENCENS AU TIBET

UN PEU D'HISTOIRE

Le Tibet est situé sur le Toit du monde. Depuis de nombreux siècles, l'encens fait partie de la vie quotidienne. Il est utilisé dans les rites religieux, pour purifier les lieux mais aussi chez soi, lors de prières privées.

L'offrande d'encens (appelée sang-sol) fait partie intégrante de la propitiation des dieux et divinités protectrices du peuple tibétain. L'encens est ainsi brûlé par les moines bouddhistes en hommage à Bouddha, Siddhartha Gautama, le fondateur du bouddhisme.

Traditionnellement, ce rituel est destiné à faire preuve de respect envers une personne qui nous a inspirés ou permis d'atteindre un éveil spirituel.

Pour les bouddhistes, offrir de l'encens est un geste symbolique important. Généralement, l'offrant s'incline en tendant le présent, de manière respectueuse et sans attendre de contrepartie.

MÉTHODES DE FABRICATION

Il est traditionnellement fabriqué à partir d'ingrédients naturels. Des centaines d'encens différents sont créées à la main par les moines tibétains avec des herbes, des épices et des herbes sans tige de bambou pour les maintenir.

Le modèle tibétain peut contenir jusqu'à vingt-huit ingrédients (bois de santal, bois d'agar, genévrier, pin, cèdre, myrrhe, ambre, encens, hibiscus, safran, clou de girofle...).

On le trouve généralement sous forme de bâtons ou de spirales (bobines d'encens).

Son odeur médicinale est très caractéristique.

L'ENCENS AU MOYEN-ORIENT ET EN AFRIQUE

UN PEU D'HISTOIRE

EN ARABIE

« De la terre d'Arabie s'exhale une odeur d'une suavité merveilleuse. »

Hérodote, *L'Enquête*, Livre III, 113.

Surnommée l'Arabia Felix (l'Arabie Heureuse) par les Romains durant l'Antiquité, l'Arabie a toujours été une terre riche et fertile. Pendant des siècles, les lieux de récolte et les méthodes de production de l'encens extrait de l'arbre *Boswellia sacra* sont restés secrets.

En effet, dans le sud de la péninsule arabique, cet arbre faisait la richesse des peuples qui contrôlaient les oasis où les caravanes qui acheminaient l'encens par voie terrestre dans le désert jusqu'à la Méditerranée venaient se ravitailler.

LE SAVIEZ-VOUS ?
La route de l'encens est mentionnée dans le Coran et dans l'Ancien Testament (Deuxième Livre des Chroniques 9, Premier Livre des Rois 10) quand la reine du Sud « voyagea sur la route de l'or et de l'encens » pour aller rendre visite au roi Salomon à Jérusalem.

L'usage de l'encens est attesté en Arabie au moins dès l'âge du bronze. De récentes fouilles archéologiques sur le site de Ras al-Jinz (Oman) ont mis au jour un brûle-parfum en pierre datant du IIIe millénaire avant notre ère.

La route de l'encens

La route de l'encens était définie par un réseau de voies pour acheminer et commercialiser l'encens. Elle reliait autrefois l'Égypte au Yémen et à l'Inde. Son origine remonterait aux alentours de 1800 avant notre ère, lorsque les Indiens envoyèrent de l'encens jusqu'aux ports d'Arabie et d'Égypte.

Ce réseau commercial a prospéré entre le IIIe siècle avant J.-C. et le IIe siècle de notre ère. Les épices indiennes, l'ébène et les peaux d'animaux transitaient également entre ces pays.

À la période préislamique, l'encens avait un usage principalement religieux. Pendant la période médiévale, il était utilisé dans un cadre domestique pour parfumer sa maison ou ses vêtements et recevoir ses hôtes. D'ailleurs, cette tradition perdure encore de nos jours.

Aujourd'hui, un fabuleux marché de l'encens s'installe à Salalah, capitale du Dhofar (Oman).

LE SAVIEZ-VOUS ?

L'expédition pacifique, au pays de Pount, s'est déroulée sous le règne de la reine Hatchepsout (XVe siècle avant J.-C.) pour ramener en Égypte, sur ordre du dieu Amon, de la myrrhe, de l'encens, de l'or, des peaux de léopard et des boutures d'arbres à encens (qui ont été par la suite plantées sur les marches du temple funéraire de la reine). Le pays de Pount n'a toujours pas été localisé à ce jour. Il semblerait, selon les dernières recherches, que ce soit sur la côte est de l'Afrique.

EN ÉGYPTE

Les Égyptiens ont, pendant des millénaires, brûlé l'encens et les résines odorantes lors des rituels sacrés, mais également dans leur vie quotidienne.

Sur une scène gravée sur une paroi du portique retrouvée en 1858 à Deir el-Bahari, la reine Hatchepsout ordonne une expédition vers le « pays de Pount » à la recherche de la précieuse résine.

Les offrandes faites aux dieux étaient composées principalement de résines, de myrrhe et de kyphi (« deux fois bon », mélange d'épices et d'huiles essentielles très réputé dans l'Égypte ancienne). Les Égyptiens préféraient en effet offrir aux dieux ces présents parfumés non périssables. Selon eux, les dieux se nourrissaient par la fumée de la combustion de ces offrandes.

LE SAVIEZ-VOUS ?

Plutarque a décrit la recette du kyphi et en a notamment détaillé les seize ingrédients : « Le kyphi est un parfum composé de seize espèces de substances : miel, vin, raisins secs, souchet, résine, myrrhe, aspalathe, séséli, lentisque, asphalte, jusquiame, patience, grand genièvre, petit genièvre, cardamome et calame. Ces ingrédients ne sont pas mêlés au hasard, mais selon une formule indiquée par les livres saints et dont il est fait lecture, pendant l'opération, à ceux qui sont chargés de composer ce parfum. » Plutarque, *Isis et Osiris*.

MÉTHODES DE FABRICATION

Dans le monde arabe, l'encens se présente plus souvent sous forme de grains, mais également sous formes brutes, en copeaux ou en bakhoor.

LA TRADITION DU BAKHOOR

Bakhoor ou *bukhoor* est le nom arabe donné aux briques parfumées ou aux mélanges d'ingrédients naturels traditionnels utilisés au Moyen-Orient.

Il est formé de copeaux de bois imbibés d'huiles parfumées et mélangés à d'autres ingrédients naturels tels que le bois de santal ou le musc.

Ces « briques » parfumées sont ensuite posées dans des brûleurs électriques ou à charbon afin de parfumer la maison et les vêtements.

Chaque fabricant possède sa propre recette. Certains la détiennent depuis longtemps, car elle est transmise de père en fils. Les senteurs sont variées et les mélanges peuvent parfois être réalisés à la demande pour des cérémonies de mariage.

Traditionnellement, le bakhoor est fabriqué à la main et conservé dans des bocaux en verre.

Le bois de oud ou bois d'agar

Appelé bois d'agar, bois d'aloès ou calambac, le bois de oud est parfois surnommé « le bois des dieux » en raison de son parfum puissant et précieux.

C'est un morceau de bois chargé d'une résine sombre et odorante qui se forme au cœur des troncs d'arbres asiatiques à la suite d'une « pourriture » sécrétée par un champignon.

Depuis des millénaires, il est utilisé par les peuples asiatiques pour son parfum et ses vertus médicinales.

De nos jours, il est commercialisé sous trois formes : brute, en poudre et en huile.

Il s'agit de l'un des dix bois les plus chers au monde (70 kg sont nécessaires pour créer 20 ml d'huile).

Aujourd'hui, cet engouement a un prix. Les variétés d'arbres *Aquilaria* qui produisent le bois de oud et qui poussent en Asie du Sud-Est ont été décimées. En effet, seul un arbre sur cent contient cette précieuse résine. Il fallait donc en abattre des centaines pour pouvoir en trouver un seul porteur de la résine odorante. Cet arbre tropical est aujourd'hui protégé par les autorités.

Le benjoin (ou jaoui)

Résine (ou baume) qui provient des plantes du genre *Styrax*, le benjoin est originaire du Proche-Orient et de certaines parties d'Asie.

Il existe plusieurs types : le benjoin de Siam (jaune-brun) et le benjoin de Sumatra (gris foncé). Son odeur est différente selon les variétés (note orientale pour celui de Siam et note de cigarette pour celui de Sumatra).

Il est l'ingrédient principal du papier d'Arménie.

Le djaoui blanc

Comme le djaoui rouge et le djaoui marron, la variété blanche a une origine commune avec le benjoin. Cette résine se présente généralement en grains. Elle est employée pour créer une atmosphère propice à la méditation ou à la purification. Il s'agit d'un composant majeur des encens d'église en Russie et dans d'autres sociétés chrétiennes orthodoxes.

LA TRADITION DU THIOURAYE SÉNÉGALAIS

Le thiouraye (ou « encens » en wolof) est l'un des éléments phares du patrimoine culturel sénégalais. Il a toujours été cité comme un témoignage du « jongué attitude » (savoir-être sénégalais) chez la femme mais, de nos jours, il s'agit d'un véritable outil de séduction.

Le thiouraye est un macérat ou mélange sec de plantes odorantes. Il se rapproche du bakhoor au Moyen-Orient.

Depuis des siècles, le thiouraye parfume les maisons et les vêtements et est devenu un objet de convoitise (les recettes étaient jalousement gardées par les femmes qui le fabriquaient et le faisaient brûler le soir, dans l'intimité avec leurs maris). Certaines plantes aphrodisiaques étaient alors ajoutées à la composition.

Il existe plusieurs types de thiouraye : tchad, diguidjé, gowé, sukkar, saint-louis, sarkhane, jeddah.

PARTIE 2

USAGES ET BIENFAITS DE L'ENCENS

POUR LA MÉDITATION ET LE BIEN-ÊTRE

Nous l'avons vu, l'encens est utilisé depuis la nuit des temps dans toutes les religions pour communiquer avec les dieux et servait d'offrande non périssable. En dehors de cet usage religieux, il est employé aujourd'hui dans le monde entier lors de séances de bien-être et de méditation. Si les encens sont différents en fonction des cultures (principalement indiennes et japonaises), nous allons voir que leurs bénéfices sont réels et universels.

Tout d'abord, les arômes dégagés ont un effet positif sur la santé du fait de l'augmentation de sérotonine (substance chimique liée au bonheur et à l'amélioration de l'humeur) dans le cerveau. En agissant, l'encens peut alors permettre, selon les plantes et huiles essentielles contenues, de favoriser le sommeil, améliorer la digestion et même soulager certains maux.

Voici des exemples de bienfaits (liste non exhaustive) :

- Permet de se détendre et se relaxer.
- Réduit le stress et l'anxiété.
- Favorise la méditation.
- Améliore le sommeil.
- Encourage la créativité.
- Améliore l'humeur.
- Favorise la spiritualité.
- Parfume la pièce.
- Encourage la concentration.
- Augmente le taux de sérotonine.

Il contribue également à lutter contre les insectes.

Selon l'objectif recherché, chaque individu choisira donc un encens différent et adapté.

QUELS ENCENS UTILISER ?

NAG CHAMPA

L'encens Nag Champa (ou Fleurs aux serpents) est certainement le plus connu et le plus vendu dans le monde. Traditionnellement, les Indiens le brûlent lors des rituels d'offrandes à Ganesh. Fabriqué selon la technique du masala (mélange), il est composé de bois de santal, de résine halmaddi et de champa (fleur jaune d'un arbre de l'Himalaya) qui lui procure son parfum si caractéristique.

Ses propriétés bénéfiques favorisent la relaxation et la méditation. Il est très présent en Occident pendant les cours de yoga, car il masque les odeurs.

Dans le sud de l'Inde, les femmes vaporisent son parfum dans leurs chevelures.

Aujourd'hui, le Nag Champa se retrouve dans la préparation de savons, de parfums, d'huiles de massage et de bougies.

PADMINI

L'encens Padmini fait partie des plus connus en Inde. Il est courant dans les foyers. Repéré par son odeur si caractéristique, il parfume la pièce en diffusant un effluve légèrement poudré.

SANG-DE-DRAGON

Le sang-de-dragon est connu depuis l'Antiquité par les Romains, les Grecs, les Chinois et les Indiens. Il s'agit d'une résine rougeâtre extraite d'un arbre qui pousse principalement en Indonésie (Sumatra) et employée depuis des millénaires comme remède médical (antihémorragique, antibactérien). Lors de sa combustion, l'encens dégage une odeur balsamique très puissante. Lors de rituels ésotériques, il aurait des propriétés magiques qui favoriseraient l'amour et les retours d'affection.

LE BOIS DE SANTAL

Le santal désigne le bois de certains arbres appartenant au genre *Santalum* qui poussent en Inde, au Népal et en Australie principalement. Ce bois est caractéristique de l'odeur d'encens à travers le monde et a beaucoup servi pour la construction.

En parfumerie, le santal est utilisé en note de fond, car il s'agit d'un excellent fixateur pour les notes de tête. Dans la médecine ayurvédique, son huile essentielle traite l'angoisse.

C'est l'une des matières les plus employées en Asie pour la fabrication d'encens, car le santal a une place prépondérante dans l'accomplissement des rituels de l'hindouisme, notamment pour ceux dédiés à la divinité Shiva. Les hindous portent généralement de la pâte de santal apposée en marque sur le front pour le troisième œil. Il s'agirait d'un puissant aphrodisiaque et un ingrédient des philtres d'amour depuis des millénaires.

LE SAVIEZ-VOUS ?
Certains temples indiens construits en bois de santal ont conservé leur odeur depuis des siècles.

LA MYRRHE

Issue de l'arbre *Commiphora myrrha*, la myrrhe est une gomme-résine aussi ancienne que l'encens. La gomme qui est extraite durcit à l'air et devient brun-rouge. Elle est ensuite réduite en poudre ou transformée en huile essentielle.

Les Égyptiens en incluaient dans la fabrication du kyphi. Elle faisait également partie des rituels religieux chez les Grecs et jouissait d'une grande réputation érotique (la myrrhe est mentionnée sept fois dans le *Cantique des cantiques*).

Dès le début, la myrrhe a été remarquée pour ses vertus médicales (anti-inflammatoires) et servait à soulager les douleurs rhumatismales. Elle était également prescrite dans le traitement des ulcères buccaux et des gingivites. Son odeur est puissante et se rapproche de celle de la rose.

POUR PURIFIER LES ESPACES

L'encens est majoritairement employé dans la purification par la fumée des plantes. À la Préhistoire, il contribue à améliorer la « paix de l'esprit » et à la purification des espaces.

De nos jours, plus de 400 espèces végétales (herbes, bois, écorces, feuilles, racines...) font partie intégrante des rituels.

Il est dit que la combustion de ces plantes modifie l'atmosphère et la surcharge en ions négatifs (on retrouve un environnement similaire au bord de la mer ou à la montagne), ce qui améliore les facultés respiratoires et le système immunitaire. Toutefois, ces rituels sont différents selon les continents.

QUAND EST-IL NÉCESSAIRE D'EFFECTUER UN RITUEL DE PURIFICATION ?

Les occasions sont en réalité assez nombreuses, par exemple lors d'un emménagement, si vous souhaitez assainir l'espace et attirer dans votre nouveau foyer les énergies positives. Certaines personnes effectuent également ce rituel lorsqu'elles séjournent à hôtel, pour purifier leur nouvel espace.

A contrario, un tel rituel pourrait permettre à une personne qui ressent un mal-être, de l'anxiété ou du stress de retrouver un équilibre physique et mental.

Vous pouvez également le pratiquer lorsque vous vous préparez à un changement de vie ou après avoir reçu une mauvaise nouvelle.

Selon les effets désirés, le choix de la matière odorante sera déterminant.

LES RITES AMÉRINDIENS

Le *smudging* est un terme anglais qui signifie la purification par la fumée. Il s'agit d'une cérémonie culturelle de différents peuples autochtones vivant principalement au Canada et en Amérique latine.

Ce rituel est appelé *atisamânihk* en langue cri, ce qui signifie « processus de purification » et *nookwez* en langue ojibwée, pour « purification médicinale ».

La purification se pratique en récitant une prière tout en brûlant une plante sacrée, choisie en fonction de ses propriétés bénéfiques.

Ce rituel a traversé les âges, malgré la répression de ces traditions lors de la colonisation des territoires.

Même si les usages diffèrent selon les peuples, la purification par la fumée est toujours employée à des fins médicinales et dans le cadre de cérémonies spirituelles.

Lors des rites, un récipient est nécessaire pour transporter les herbes médicinales. Il s'agit souvent d'un coquillage appelé haliotide ou abalone (en anglais) et ormeau (en français). Ce mollusque marin produit une coquille qui est rugueuse à l'extérieur et qui revêt de la nacre et de beaux reflets irisés à l'intérieur.

Depuis des millénaires, cette coquille qui symbolise l'Oreille de la mer est source de magie et est employée dans certains rites chamaniques par les nations autochtones d'Amérique du Nord et du Canada comme support pour brûler de l'encens ou des herbes odoriférantes.

Dans les rites chamaniques et selon la roue médicinale amérindienne (la représentation de l'ordre du monde selon les points cardinaux et le rythme de saison), l'ormeau symbolise l'élément Eau. L'allumette qui embrase les matières odorantes représente le Feu, les herbes et la cendre sont la Terre et, enfin, la fumée qui se dégage symbolise l'Air.

En lithothérapie, la coquille d'ormeau, pierre protectrice, est très recherchée pour les vertus de sa nacre qui favorise l'équilibre du corps et de l'esprit et qui contiendrait des propriétés régénératrices. Dans l'hindouisme, l'ormeau représente le chakra sacré – centre énergétique et siège de la Création et de la Fertilité.

En raison de ses propriétés, il est généralement conseillé de nettoyer énergétiquement ce récipient avant et après chaque rituel de purification.

Traditionnellement, dans la culture amérindienne, le rituel est conduit par le chaman qui brûle en petite quantité les herbes placées dans le récipient. La fumée de la combustion est dispersée sur le visage et le corps de la personne, au moyen d'une plume d'aigle ou bien à l'aide de la main.

La personne en cours de purification doit orienter cette fumée vers elle afin de procéder à un « lavement ». Les cendres sont ensuite enterrées à l'extérieur, ce qui symbolise l'élimination de l'énergie négative.

En langue cherokee, le monde spirituel est appelé Ungawi, là où demeurent les esprits de tous les êtres. Selon les rites amérindiens, la combustion des herbes sacrées conduit les prières vers l'Ungawi. « La fumée est présentée au Père-ciel, puis ramenée au cœur, présentée aux quatre points cardinaux en commençant par l'est, puis par l'ouest, le sud et le nord. Enfin, la fumée encense le corps de la tête aux pieds. »

Ces rituels sont encore aujourd'hui prescrits lors de moments de crise, de soucis de santé ou de décès.

QUELLES HERBES UTILISER POUR VOS RITUELS DE PURIFICATION AMÉRINDIENS ?

La sauge blanche (*Salvia apiana*) ou sauge de Californie

L'herbe la plus connue et la plus utilisée dans les rituels de la fumigation est la sauge blanche.

La sauge blanche (*Salvia apiana*) est aussi appelée sauge de Californie. Son nom provient du latin *salvare* qui signifie « guérir ». Cette plante rustique pousse dans les régions désertiques et les sols sablonneux. En milieu naturel, elle s'acclimate à des conditions très difficiles. Elle pousse en arbuste et produit des grappes de feuilles duveteuses blanches et argentées. L'été, ses fleurs blanches ont des reflets violets et son parfum est apaisant.

C'est une plante sacrée pour de nombreux peuples. Elle est à différencier de la sauge officinale.

Comme les autres variétés de sauges odorantes, elle est recherchée depuis des millénaires pour ses vertus antiseptiques, antimicrobiennes et anti-infectieuses. C'est la raison pour laquelle on la trouve dans les préparations médicinales.

LE SAVIEZ-VOUS ?
Les feuilles de sauge séchées entrent dans la composition de la chanunpa, la pipe sacrée avec laquelle les Indiens des Plaines prient le Grand Esprit et communiquent avec leurs ancêtres. Traditionnellement, fumer cette chanunpa concluait une alliance, une amitié ou célébrait la paix.

Traditionnellement, la sauge est utilisée lors de rituels de purification pour « laver » le monde extérieur, lorsque commencent les cérémonies ou lorsqu'on pénètre dans un lieu sacré. Mais aussi pour célébrer les naissances ou pleurer les défunts. Elle sert également à assainir la chambre des malades, chasser les mauvais esprits et la mauvaise humeur.

Chez les Sioux, le sol des tipis était généralement parsemé de feuilles de sauge, ce qui parfumait l'espace et assurait la protection du lieu.

Elle est préparée en bâtons de fumigation (appelés aussi *smudge* en anglais), en rameaux ou en feuilles en vrac. On peut bien évidemment la cultiver dans son jardin.

Le cèdre du Canada (*Thuya occidentalis*) ou arbre de la paix

Les bâtons de cèdre du Canada sont généralement utilisés dans les rituels de guérison. Ils n'ont pas la même forme ni le même emploi que la sauge blanche et l'odeur est assez différente, plutôt boisée.

Dans la culture amérindienne, le cèdre du Canada sert pour communiquer avec l'Ungawi.

Son odeur douce – proche de celle du palo santo ou bois sacré – apaise et stimule la capacité d'autoguérison. Il sert aussi à équilibrer les polarités masculines et féminines.

Le foin d'odeur (*Hierochloe odorata*) ou cheveux de la Terre-Mère

Son nom commun est l'avoine odorante (*sweet grass*, en anglais). Dans la culture amérindienne cette plante est sacrée. Considérée comme le plus féminin des encens en raison de son odeur de vanille douce et de ses propriétés positives, cette herbe aux bisons – encore une autre appellation – apaise les esprits et attire les énergies bénéfiques.

On la retrouve généralement dans les sacs de guérison spirituelle que les Amérindiens portaient autour du cou en signe de protection.

Traditionnellement, elle était tressée ou en brins, mélangée avec du cèdre canadien ou de la sauge blanche.

LE SAVIEZ-VOUS ?

Le peuple Chumash, qui vivait sur la côte sud de la Californie, appliquait des cataplasmes de yerba santa pour soigner les blessures, les os cassés et les piqûres d'insectes.

La yerba santa (*Eriodictyon californicum*) ou herbe à ours

Cette plante arbustive pousse dans les zones arides de Californie et du nord du Mexique.

Appelée « herbe sainte », elle tient son nom des prêtres missionnaires qui l'ont découverte et appréciée pour ses nombreuses propriétés médicinales.

Les peuples amérindiens d'Amérique du Nord l'utilisaient comme herbe odoriférante lors des rituels de purification par la fumée.

L'herbe à ours est reconnue pour faciliter la respiration (on la retrouve encore dans notre pharmacopée actuelle), libérer les douleurs émotionnelles du chakra du Cœur et élever le taux vibratoire.

Le parfum de ses feuilles légèrement poisseuses est doux et suave. Il est dit dans cette culture que sa senteur rend courageux.

Comment réaliser un rituel de purification amérindienne ?

Dans la tradition amérindienne, ce rituel demande une préparation, originellement initiée par le chaman. L'objectif est de nettoyer les sentiments, les énergies négatives d'une personne ou d'un lieu.

Il convient de rassembler l'herbe odoriférante que vous avez choisie et de vous munir d'un récipient, d'une allumette et d'une plume.

Si vous choisissez de pratiquer le rituel en intérieur, il est conseillé d'ouvrir les fenêtres pour permettre à la fumée de se dissiper et aux énergies de se déplacer.

Avant d'allumer votre bâton de plantes, il est nécessaire de remercier le lieu et de l'assurer de vos bonnes intentions. Vous pouvez alors commencer vos prières.

Allumez le bâton de sauge et attendez que la fumée commence à se dégager. Attention, si vous utilisez de la sauge en feuilles, celles-ci ont tendance à s'envoler rapidement, soyez prudent.

Pour diriger la fumée vers les objets ou les participants, utilisez une plume ou votre main. Assurez-vous que chaque personne se « lave » avec la fumée et la dirige vers chaque partie de son corps. Commencez par la tête et le cœur, puis les bras et le bas du corps. N'oubliez pas de « laver » le dos et le dessous des pieds.

Si vous souhaitez purifier une pièce, faites-en le tour en accentuant votre attention sur les espaces sombres, par exemple les placards. Il est conseillé, toutefois, de commencer par l'entrée principale.

Attendez que le bâton de fumigation se consume entièrement. Si vous désirez l'éteindre, étouffez la combustion dans un récipient rempli de sable ou en passant l'extrémité sous l'eau.

LES RITES MAYAS ET INCAS

En Amérique du Sud, les rituels de purification existent également depuis des millénaires.

On en retrouve la trace dans les cultures maya, aztèque et inca.

Chez les Incas, le médecin prédisposé à ces rituels était appelé *El hanpeq*. Il s'agissait d'un chaman qui guérissait les patients en employant des herbes et des minéraux lors de cérémonies religieuses et mystiques.

Chez les Mayas, les fouilles archéologiques guatémaltèques ont mis au jour de grands encensoirs en céramique qui devaient contenir de l'encens ou du copal (résine proche de l'ambre).

Comme dans de nombreuses cultures sud-américaines, la fumée jouait un rôle important pour le peuple maya. Elle faisait le lien entre le réel et l'irréel et était la voie par laquelle voyageaient les offrandes faites aux dieux.

Encore aujourd'hui, notamment en Argentine et en Bolivie, certains rituels perdurent comme celui de Pachamama (Terre-Mère). Au mois d'août, toute la population s'organise pour que le rituel se déroule dans un lieu situé au point culminant de la ville. Il s'agit de remercier Pachamama pour les offrandes reçues l'année passée et de la solliciter pour l'année à venir.

Originellement, la Pachamama serait une divinité dont le système sanguin serait l'eau sur terre. Lors de la cérémonie, les personnes creusent un trou dans le sol appelé « la Boca », puis chacune d'entre elles allume deux cigares qu'elle dispose autour de l'orifice. La fumée qui s'en dégage vise à purifier l'espace et à chasser les mauvais esprits.

LE SAVIEZ-VOUS ?

La différence la plus visible entre les Mayas, les Incas et les Aztèques réside dans leur situation géographique. Les Mayas ont vécu dans les forêts du Guatemala et du Chiapas, les Incas dans la région de l'Équateur et du Chili et les Aztèques au centre du Mexique dont la capitale est devenue par la suite Mexico.

QUELLES HERBES UTILISER POUR VOS RITUELS DE PURIFICATION SUD-AMÉRICAINS ?

Le palo santo (*Bursera graveolens*) ou bois sacré

Le palo santo est certainement le bois le plus connu et le plus utilisé pour les rituels de purification.

Il provient d'un arbre qui pousse en Amérique du Sud, principalement dans la forêt amazonienne du Pérou, et qui s'apparente à l'encensier et à l'arbre à myrrhe.

Les chamans incas se servaient de ce bois lors des cérémonies religieuses et spirituelles. Sa combustion permettait d'entrer en contact avec les dieux. En décoction, il soignait les troubles digestifs et, en essence, il soulageait les problèmes cutanés.

Son parfum douceâtre éloigne les insectes, fait fuir les énergies négatives. Il est un allié précieux pour lutter contre le stress et les insomnies.

LE SAVIEZ-VOUS ?

La cérémonie de l'Ayahuasca (ou yagé) consiste à boire un breuvage préparé par un chaman qui contient un mélange de plantes cueillies dans la jungle amazonienne. Cette décoction est consommée par les Aborigènes depuis des millénaires pour communiquer avec les esprits. Plus précisément, il s'agit d'une boisson narcotique puissante (interdite en France) qui, dans le cadre de cérémonies encadrées, peut permettre à celui qui y assiste et consomme la fameuse décoction, de vivre une expérience basée sur des visions et des extases auditives. Attention, toutefois, cet hallucinogène provoque chaque année la mort de plusieurs personnes en raison de dosages mal contrôlés par de faux chamans. Cette cérémonie revêt encore aujourd'hui un caractère magique et sacré.

De nos jours, le palo santo est encore utilisé par certains peuples aborigènes d'Amérique du Sud, notamment lors des cérémonies de l'ayahuasca.

Traditionnellement, le palo santo ne doit être prélevé que sur un arbre mort naturellement. En raison de la forte demande occidentale, l'arbre est aujourd'hui en voie d'extinction.

Les peuples aborigènes se battent pour défendre la culture du bois sacré en précisant que les récoltes ne devraient être effectuées que par les chamans afin de préserver les arbres matures. En effet, environ cinquante à soixante-dix ans sont nécessaires pour que l'arbre arrive à maturité et meure.

Comment faire brûler le palo santo ?

Il vous suffit d'allumer votre bâton d'encens avec une allumette ou un briquet.

Laissez-le chauffer une trentaine de secondes et soufflez sur la flamme. Faites ensuite le tour de la pièce que vous souhaitez purifier en faisant circuler la fumée à l'aide d'une plume ou de votre main.

Votre bâton de palo santo peut être utilisé plusieurs fois.

Le bois de copal (*Bursera glabrifolia*)

Copal est un terme issu de la langue nahuatl (du Mexique) qui signifie « encens ». Les cultures indigènes mexicaines se servaient autrefois de cette résine lors de rituels religieux et spirituels.

Bursera glabrifolia peut atteindre une douzaine de mètres de hauteur. Il pousse dans les forêts tropicales sèches présentes au Mexique et sur la côte ouest, parfois jusqu'à 2 200 mètres d'altitude.

Cet arbre produit une résine transparente qui dégage un parfum agréable.

Présent en Amérique du Sud, son berceau est toutefois situé en Afrique.

En huile essentielle, le copal est très efficace pour lutter contre la grippe et les rhumatismes.

Enfin, associé à la sauge blanche, il permet d'honorer les ancêtres et de purifier l'espace.

LE SAVIEZ-VOUS ?

Les Mayas connaissaient également les coquilles d'ormeau pour leurs rites de purification. Ils utilisaient aussi la nacre pour ses vertus réparatrices dans leurs essais d'implants dentaires.

LES RITES EUROPÉENS

En Europe, le rite de la fumée remonte à la Préhistoire. Récemment, les archéologues ont découvert, non loin de Stonehenge en Angleterre, des encensoirs en poterie qui prouveraient l'utilisation très ancienne de l'encens.

Les civilisations européennes ont également fait usage des végétaux odoriférants poussant dans leur environnement. Les plantes étaient cultivées dans les jardins ou cueillies dans la nature.

Des recettes culinaires anciennes indiquent que les plantes aromatiques parfumaient les plats, mais également les maisons et contribuaient à désinfecter et à assainir les intérieurs.

Dès le Moyen Âge, l'administration de remèdes sudorifiques combinée à des rituels de purification visaient à soigner certains maux et notamment à améliorer la circulation des flux corporels.

À l'origine une prérogative des cultes religieux, l'utilisation de l'encens et de la fumigation a ensuite été ouverte à l'usage domestique.

Les personnes confectionnaient de petits bouquets d'herbes odoriférantes aux vertus médicinales, puis les déposaient dans l'âtre en vue de leur combustion. Cet usage visait à assurer la protection du foyer, mais aussi devait prévenir la foudre, la grêle et l'orage.

LE SAVIEZ-VOUS ?

Parmi les plus anciens remèdes, des inhalations de fleur de sureau et de sauge officinale prévenaient les bronchites et les rhumes.

QUELLES HERBES UTILISER POUR VOS RITUELS DE PURIFICATION ?

La lavande vraie (*Lavandula angustifolia*)

Le nom lavande proviendrait de l'italien *lavando* qui signifie « laver ». Originaire de l'ouest du bassin méditerranéen, la fleur était déjà utilisée par les Romains pour parfumer les bains et le linge. Dès le Moyen Âge, en Provence, elle a été intégrée dans la préparation des médicaments.

Traditionnellement, les sachets de fleurs séchées sont placés dans les armoires pour éloigner les mites. Très résistantes, les fleurs conservent leurs arômes très longtemps. Cette plante possède des propriétés antispasmodiques, sédatives et diurétiques. Elle favorise la détente et le sommeil, ainsi que la décontraction musculaire. On lui prête également des vertus cicatrisantes et antiseptiques.

En fumigation, la lavande apporte la purification et la protection. Son odeur rafraîchissante et apaisante aide à gérer le stress et à se débarrasser des insomnies. En phytothérapie, elle soigne les infections des voies respiratoires.

La fumée de sa combustion est légère. Elle est donc idéale pour purifier les petits espaces.

LE SAVIEZ-VOUS ?

La lavande aurait des propriétés antivenimeuses. En cas de morsure de vipère, la plaie était frottée avec des poignées de fleurs de lavande. Cela expliquerait l'appellation « lavande aspic ».

Le thym (*Thymus vulgaris*)

Du grec *thumon* qui signifie « offrande », le thym figure parmi les herbes aromatiques les plus répandues. Il est originaire du bassin méditerranéen et sa présence remonte à plus de 5 000 ans en Grèce ancienne. Dans la mythologie grecque, il serait source de courage.

Le thym provient d'un petit sous-arbrisseau vivace aux feuilles gris-vert très odorantes. Sa taille peut atteindre une trentaine de centimètres et pousse à des altitudes supérieures à 1 500 m.

Il est réputé depuis l'Antiquité pour ses vertus anti-infectieuses. Au Moyen Âge, on en plaçait sous son oreiller pour favoriser le sommeil.

On l'utilise souvent en *smudge* (bâton de fumigation), associé à d'autres plantes odoriférantes.

Ses propriétés contribueraient à soulager les infections des voies respiratoires, notamment en raison de son effet spasmolytique. Il est donc souvent employé en inhalation. Il agit sur les affections cutanées grâce à ses vertus antivirales, antimicrobiennes et antiseptiques.

Dans les rituels de purification, il sert à purifier les espaces et chasser les énergies négatives. Il a en effet une action similaire au cristal de roche.

Le thym, avec son odeur si caractéristique, entre dans la composition de nombreux rituels de guérison.

Il est également souvent porté sur soi dans des petits sachets afin de développer son dynamisme et ses pouvoirs psychiques.

Cette plante aromatique offre donc de nombreux bienfaits et peut être consommée sous diverses formes (usage interne ou externe, inhalation, fumigation...).

Le genévrier ou bois de cade (*Juniperus communis*)

Provenant d'un arbuste qui peut mesurer de 50 cm à 15 m de hauteur, le genévrier est composé d'un tronc recouvert d'une écorce grise rugueuse sur laquelle se trace une ligne blanche légèrement bleutée. Au printemps, ses aiguilles acérées se couvrent de fleurs jaune pâle. Ses baies sont en réalité des *cônes charnus et globuleux*. À maturité, les fruits deviennent noirs et sont alors comestibles.

Dans son ouvrage *À propos de la matière médicale*, le médecin, pharmacologue et botaniste grec Dioscoride (mort au Ier siècle après J.-C.) expliquait déjà que les baies de genévrier permettaient de lutter contre les maux intestinaux.

Dès l'Antiquité, les rameaux étaient utilisés en fumigation lors des épidémies de peste.

Le genièvre possède des propriétés antirhumatismales, carminatives, antiseptiques, antifongiques et antioxydantes. Il peut être consommé sous différentes formes (fumigation, huile essentielle, macérat, poudre, décoction, infusion, baies séchées).

En fumigation, tout comme la sauge, il participe à la purification des espaces et aide à chasser les mauvaises énergies.

On en fait du « bois de cade », qui, sous sa texture réduite en poudre et brûlée, agit comme assainissant et répulsif contre les insectes. Ses vertus sont protectrices et calmantes.

Le pin (*Pinus sylvestris*)

Emblème de la vie, le pin sylvestre dégage une odeur puissante. Sous forme d'encens, il est souvent employé dans les rituels magiques pour aider à la guérison. En fumigation, il permet de redonner de l'énergie aux personnes malades ou affaiblies grâce à son odeur tonifiante.

Afin de purifier l'espace, les aiguilles de pin sont brûlées et parfois répandues sur le sol des maisons pour rejeter les mauvaises énergies.

Le romarin (*Rosmarinus officinalis*)

Dans les rituels de purification, le romarin est utilisé pour améliorer la concentration et la mémoire. Cet aromate symbolise le renouveau et apporte un sentiment de paix. Facile à cultiver, il est très apprécié des adeptes de ces rituels. Ses propriétés purifiantes et assainissantes en font un allié pour lutter contre les infections.

L'armoise (Artemisia vulgaris) ou herbe de feu

Cette plante herbacée qui peut mesurer de 60 cm à 2 m de haut pousse dans les régions tempérées de l'Europe centrale depuis des millénaires.

Son feuillage vert foncé et ses fleurs jaunes ou pourpres dégagent une odeur très puissante, similaire à celle de l'absinthe.

Surnommée « herbe de feu » en raison de la tradition moyenâgeuse qui consistait à la porter en chapelets lors de la fête de la Saint-Jean, elle tient en réalité son nom latin de la déesse de la Chasse et des Naissances, Artémis, qui avait également pour fonction de protéger les femmes souffrantes.

LE SAVIEZ-VOUS ?
Au Moyen Âge et jusqu'au XVIe siècle, on portait un chapelet d'armoise et de verveine lors de la fête de la Saint-Jean. Ce rituel visait à protéger les yeux et la santé pour l'année à venir. En quittant la cérémonie, les chapelets étaient jetés dans le feu avec l'invocation « Que toute ma malchance brûle avec ceci ».

Ses propriétés médicinales sont connues depuis l'Antiquité. Botaniquement proche de l'absinthe, elle a toutefois des propriétés différentes mais, comme elle, est aussi toxique. Elle doit donc être prescrite sur avis médical.

Traditionnellement, l'armoise était placée dans les chaussures afin de diminuer la fatigue pendant la marche. Antibactérienne et antifongique, elle est très en vogue en phytothérapie.

En fumigation, cette plante tonifie l'esprit et protège les voyageurs lors de leurs périples. Elle favorise également la guérison et la clairvoyance, censée aider à sonder notre monde intérieur.

POUR UN USAGE LITURGIQUE

Dès le début du christianisme, l'encens a tenu une place prépondérante dans les rituels liturgiques. En effet, il faisait partie des présents offerts à l'Enfant Jésus par les Rois mages. En France, l'encens a eu une influence si importante dans l'Église que le verbe « encenser » est devenu synonyme d'aduler.

Traditionnellement, l'encens liturgique est brûlé dans un encensoir tenu par un thuriféraire (du mot grec *thus* qui signifie « encens » et du mot latin *ferre* qui signifie « porter »), qui est mis en mouvement pour mieux diffuser le parfum.

Dans le lieu saint, la fumée montant vers le ciel symbolise la prière qui s'élève vers Dieu « Que ma prière devant Toi s'élève comme un encens, et mes mains, comme l'offrande du soir » (Psaume 141.2).

Durant la célébration eucharistique, l'encensoir est généralement agité à différents moments : lors de la procession d'entrée, avant la lecture de l'Évangile, à l'offertoire (partie de la messe où le prêtre place le pain et le vin sur l'autel) et au moment de la consécration.

Il est toujours utilisé de nos jours lors des funérailles, des expositions du Saint-Sacrement et lors des vêpres solennelles, au moment du chant du *Magnificat*.

Cette odeur si caractéristique de l'église est souvent décrite comme « une odeur de sainteté ». Mais de quels encens est-elle véritablement composée ?

LE SAVIEZ-VOUS ?

Le sanctuaire de Saint-Jacques-de-Compostelle (Galice, Espagne) est l'un des lieux de pèlerinage les plus célèbres du monde. Dans la cathédrale est suspendu le Botafumeiro (*Turibulum magnum*), le plus grand encensoir du monde. Construit en laiton et en argent, il pèse 53 kg et mesure 1,50 m (une fois rempli d'encens et de charbon, il peut atteindre 100 kg). Situé à 20 m de hauteur, il peut se déplacer jusqu'à 68 km/h de la coupole centrale de la cathédrale, où il est attaché à l'aide d'un système complexe de poulies, vers les nefs latérales. Il faut huit hommes (*tiraboleiros*) pour le déplacer. Ce Botafumeiro est encore mis en action lors de messes solennelles (jusqu'en 2017, lors de la messe dédiée aux pèlerins).

QUELS SONT LES ENCENS UTILISÉS POUR LES RITES LITURGIQUES ?

La dénomination « encens d'église » désigne plusieurs types. Généralement, il s'agit de résines extraites d'arbres et réduites en poudre ou en grains.

L'encens pontifical

Le plus connu et le plus répandu est l'encens « pontifical ». En grains, il est souvent composé de résines d'oliban, de myrrhe, de benjoin et de storax et émet une fumée épaisse aux notes d'oliban et de vanille. Connu pour ses vertus purificatrices, les prêtres s'en servent pour purifier les corps et les âmes.

L'encens de Jérusalem

L'encens de Jérusalem est un encens de consécration. Il aide à l'accomplissement des rituels. Remarqué pour ses vertus purificatrices, il est généralement brûlé par la personne qui officie une cérémonie religieuse et permet de repousser les mauvais esprits. Il apporte la protection. Il se présente généralement sous la forme de grains mélangés (santal, oliban, myrrhe et benjoin).

L'encens de Nazareth

Utilisé dans les rituels d'invocation à la Vierge Marie afin de favoriser les activités commerciales, l'encens de Nazareth est un encens de bienvenue qui encourage aux échanges. En grains, il est généralement composé de benjoin, d'huile essentielle de citron et d'oliban.

L'encens de Lourdes

Jaune et bleu, l'encens de Lourdes en grains est un mélange qui favorise l'amour. Brûlé dans les rituels destinés aux femmes, il aurait une action sur leurs vibrations. Il est également utilisé dans les rituels de guérison par la prière. Traditionnellement, on le place devant une statue de la Vierge Marie.

L'encens de Bethléem

L'encens en grains de Bethléem a des notes chaudes et boisées de santal. Il apporte la paix, l'harmonie et est utilisé lors des rituels de chance et de réussite, mais aussi dans les rituels de purification et de guérison des blessures de l'âme.

L'encens du Vatican

On a recours à l'encens du Vatican dans les cas graves et difficiles. Appelé également encens « bénédictin », il accompagne le récit des prières, litanies et neuvaines. Il accompagne le deuil.

L'encens religieux, dit « des Saints »

Aujourd'hui, nous trouvons sur le marché plusieurs encens dits « encens des Saints » qui se présentent sous la forme de bâtonnets aux vertus bénéfiques. En voici une liste non exhaustive :

- Ange gardien protecteur
- Archange saint Raphaël
- Christ miséricordieux
- Marie qui défait les nœuds
- Notre-Dame de Fatima
- Notre-Dame de Lourdes
- Notre-Dame des Miracles
- Notre-Dame du perpétuel secours
- Padre Pio
- Sacré Cœur de Jésus
- Sacré Cœur de Marie Mère de Dieu
- Sainte Anne
- Saint Antoine
- Saint Benoît
- Saint Expédit
- Saint Georges
- Saint Joseph
- Sainte Rita
- Sainte Thérèse de Lisieux
- Sept archanges
- Vierge miraculeuse
- Vierge noire

POUR UN USAGE ÉSOTÉRIQUE

Depuis des millénaires, l'encens est utilisé pour entrer en contact avec les dieux lors des rituels religieux. Et, de tout temps, les hommes cherchent à communiquer avec les esprits lors de cérémonies ésotériques.

Certaines personnes prêtent de nombreuses propriétés magiques aux senteurs des encens.

Sa combustion a une signification symbolique qui aide son utilisateur à concentrer son attention sur le rituel pratiqué lors de travaux ésotériques. La pyrogénation des bâtonnets d'encens ou de résines en grains symbolise la fusion du visible et de l'invisible.

Dans l'ésotérisme (de l'ancien grec *esôterikos* qui signifie « aller vers l'intérieur »), la théurgie (sorte de magie) permettrait à l'homme de regarder en lui et à observer son environnement. Certains rituels demandent l'emploi d'encens.

L'ENCENS DANS LA MAGIE WICCA

La magie Wicca est considérée comme un art de vivre, lié à la nature, à la magie blanche et à la sagesse. Originaire de la mouvance européenne du néopaganisme, cette pratique s'est ensuite développée à l'échelle internationale. Elle prône la philosophie de « Fais ce qu'il te plaît tant que cela ne nuit à personne ».

Il s'agit d'une pratique non violente qui se retrouve dans l'Ahimsa en Inde et dans les principes du yoga et du bouddhisme.

Les pratiquants (appelés wiccans) sont des adeptes du principe de la tolérance et du respect de la nature. Il s'agit de vivre en harmonie avec son environnement, en prônant le respect de l'autre.

En théorie, chaque pratiquant possède son *Livre des ombres* qui évolue en fonction des recettes et des rituels préparés par le wiccan.

Dans le wiccanisme, l'encens possède un pouvoir sur l'esprit humain. Les senteurs et les matières premières exercent une influence sur les émotions et sur les intentions consacrées aux rituels.

Le rituel de l'encens et de la lumière des bougies crée une atmosphère particulière, propice au recueillement et à l'invocation des esprits.

Ces rituels magiques sont très anciens.

LE SAVIEZ-VOUS ?

La magie Wicca a été popularisée par la série *Charmed* racontant le destin des sœurs Halliwell et du fameux *Livre des ombres*, ouvrage de sorcellerie transmis de génération en génération.

Selon la magie Wicca, l'encens symbolise l'élément Air. Les vibrations produites par la combustion des herbes odoriférantes rendent possible le fait de lier son esprit avec des puissances étrangères et invisibles.

Des énergies dégagées par la combustion envahissent alors l'espace.

Certaines senteurs permettent la visualisation et la préparation de l'esprit à la réalisation du rituel.

Selon les principes wiccans, travailler avec les résines et les herbes favorise la communion avec la Nature et les vibrations qu'elle dégage.

Quels encens utiliser pour les rituels de la Wicca ?

- **Absinthe** : accroît les facultés de voyance ; stimule l'imagination ; souvent mélangée avec le bois de santal.
- **Acacia** : combiné au bois de santal, il accentue les pouvoirs psychiques.
- **Aloès** : attire la chance, l'amour, les vibrations spirituelles et la force.
- **Althéa** : protège et stimule les pouvoirs psychiques.
- **Amande** : attire l'argent, la prospérité et décuple la sagesse.
- **Ambre** : attire l'amour, le confort, le bonheur et la guérison.
- **Ambre gris** : puissant aphrodisiaque, il favorise les rêves.
- **Angélique** : attire la protection, l'harmonie, la stabilité et la méditation.
- **Anis** : favorise la méditation et l'équilibre émotionnel.
- **Artémise** : assure la protection et aide à la guérison.
- **Aubépine** : accroît la fertilité ; suscite la joie et assure le bonheur, le calme.
- **Baies** : attire l'argent et le bonheur.
- **Basilic** : favorise la fidélité, la chance ; à utiliser pour les divinations d'amour ; protège des entités hostiles.
- **Benjoin** : utilisé pour la purification, la projection astrale ; soulage la tristesse, la dépression et la fatigue ; attire la prospérité.
- **Bergamote** : attire l'argent et le succès dans ses entreprises.
- **Bois de cèdre** : utilisé pour la purification, la perspicacité, la sagesse.
- **Bois de santal** : attire l'amour, la joie et la protection ; puissant aphrodisiaque ; utilisé pour les projections astrales, les rituels de guérison et dans la magie des désirs.
- **Bruyère** : attire la chance et assure la protection.
- **Camélia** : attire la richesse.
- **Camomille** : facilite le sommeil et attire l'amour ; utile pour trouver la paix intérieure.

* **Camphre** : utilisé pour la purification des objets, des lieux et des personnes ; aide à la guérison.
* **Cannelle** : accroît la spiritualité ; favorise le succès et les pouvoirs psychiques de guérison ; puissant aphrodisiaque.
* **Cardamome** : favorise la clarté mentale et la concentration ; utile pour la motivation.
* **Cèdre** : utilisé pour la purification ; attire la guérison ; assure la protection et l'argent.
* **Cerise** : attire l'amour et favorise la divination.
* **Chèvrefeuille** : attire l'argent et accroît les pouvoirs psychiques.
* **Chrysanthème** : assure la protection et accroît la compassion.
* **Citron** : favorise la purification ; assure la longévité et accroît l'amitié.
* **Citronnelle** : utilisé pour la purification ; repousse les esprits néfastes.
* **Coco** : assure la purification et garantit la chasteté.
* **Copal** : utilisé pour la purification, l'élévation des esprits ; assure la protection et attire l'amour.
* **Cyclamen** : accroît la fertilité et assure le bonheur.
* **Cyprès** : assure la guérison et la longévité ; attire la protection ; soulage le stress.
* **Damiana** : facilite les visions psychiques.
* **Épinette** : puissant aphrodisiaque ; accroît la concentration.
* **Eucalyptus** : apporte la guérison et assure la protection ; utilisé pour la purification.
* **Fleur de la passion** : favorise l'amitié et la paix.
* **Foin d'odeur** : assure la protection et la chance.
* **Fraise** : attire l'amour et la chance.
* **Framboise** : assure la protection et attire l'amour.
* **Gardénia** : apporte l'amour et la paix ; accroît la spiritualité ; assure la guérison.
* **Genévrier** : stimule les pouvoirs psychiques ; chasse les mauvais esprits ; assure l'apaisement, la protection et la guérison.
* **Géranium rose** : favorise le courage et la protection.
* **Gingembre** : attire la richesse et l'amour ; repousse la convoitise.
* **Ginseng** : repousse les mauvais esprits ; assure la protection.

* **Girofle** : assure la protection ; attire l'argent ; sert à nettoyer les espaces magiques, arrêter les commérages ; soulage la douleur ; stimule le psychisme ; améliore la mémoire et la concentration.
* **Hibiscus** : accroît les pouvoirs de divination ; augmente l'excitation sexuelle ; souvent utilisé lors des consultations de voyance.
* **Iris** : assure la purification et apporte la sagesse.
* **Jacinthe** : favorise l'amour et apporte le bonheur.
* **Jasmin** : favorise la guérison et aide les rêves prémonitoires ; action apaisante ; utilisé pour les projections astrales.
* **Lavande** : élimine les vibrations négatives ; favorise le sommeil, la détente et le calme, l'harmonie et les finances.
* **Lilas** : assure la protection et l'harmonie.
* **Lotus** : apporte protection et assure la purification ; catalyse les talents psychiques.
* **Lys** : assure la protection et brise les sortilèges amoureux.
* **Magnolia** : garantit la fidélité.
* **Menthe** : attire l'argent ; favorise les voyages et assure la protection ; possède de nombreuses vibrations curatives.
* **Menthe poivrée** : utilisée pour son énergie et la stimulation mentale ; favorise la guérison.
* **Mimosa** : accroît les rêves prophétiques et les pouvoirs de divination.
* **Mousse de chêne** : attire l'argent.
* **Muguet** : accroît les pouvoirs intellectuels et attire le bonheur.
* **Musc** : puissant aphrodisiaque ; attire la prospérité.
* **Muscadier** : stimule les pouvoirs psychiques.
* **Myrrhe** : utilisée pour la purification, la guérison, les rituels de méditation ; souvent mélangée avec de l'encens.
* **Noix de coco** : assure la protection.
* **Noix de muscade** : aide à la méditation ; attire la prospérité et stimule les pouvoirs psychiques.
* **Œillet** : apporte la guérison et attire la force.
* **Orange** : utilisée pour la divination ; attire l'amour, la chance et l'argent.
* **Orchidée** : attire et favorise l'amour.
* **Patchouli** : attire l'amour ; puissant aphrodisiaque ; favorise la fertilité.
* **Pêche** : assure la longévité ; accroît la fertilité et réalise les souhaits.
* **Piment de Jamaïque** : attire la chance et l'argent.
* **Pin** : utilisé pour la purification ; assure la protection, l'éveil sensuel et la joie.

* **Pistache** : stimule les pouvoirs psychiques ; intensifie les désirs sexuels ; combinée à d'autres encens, ses propriétés sont multipliées.
* **Pivoine** : assure la protection et chasse les énergies négatives.
* **Pois de senteur** : suscite l'amitié, amène le courage.
* **Pomme** : apporte l'amour et la guérison ; assure la longévité.
* **Romarin** : utilisé pour la purification ; protège des cauchemars ; favorise le sommeil et aide à lutter contre la dépression.
* **Rose** : attire les bons esprits et l'amour ; favorise les rêves prophétiques ; possède la vibration d'amour la plus forte.
* **Sang du dragon** : atténue la négativité ; chasse les esprits négatifs ; utilisé pour la purification, pour attirer l'amour et restaurer la virilité ; combiné à d'autres encens, ses propriétés sont multipliées.
* **Sauge** : accroît la longévité et la sagesse, assure la protection contre toutes les formes de mal ; exauce les souhaits ; utilisée pour la purification des objets, des lieux et des personnes ; aide à la guérison du corps et de l'âme.
* **Saule** : attire l'amour et évite le mal ; aide à la guérison ; utilisé comme encens d'offrande par de nombreuses sorcières pour les déités lunaires païennes.
* **Tilleul** : élimine les pensées négatives et favorise le sommeil.
* **Thym** : utilisé pour la purification des objets, des lieux et des personnes ; nettoie les objets avant les rituels magiques ; aide à la guérison.
* **Vanille** : attire l'amour et accroît les facultés mentales, provoque le désir sexuel.
* **Verveine** : attire la protection et suscite l'amour ; pour la purification ; favorise le sommeil.
* **Vétiver** : attire l'amour, la chance et l'argent ; aide à lutter contre les esprits néfastes, se protéger des voleurs.
* **Violette africaine** : favorise la spiritualité.
* **Violette** : assure la protection ; attire l'amour et la chance ; réalise les souhaits.
* **Wisteria** : assure la protection contre toutes les formes de mal.
* **Ylang-ylang** : attire l'amour et l'harmonie ; aphrodisiaque.

PARTIE 3

POUR ALLER PLUS LOIN...

« … et l'odeur pénétrait directement en eux jusqu'à leur cœur, et il y décidait catégoriquement de l'inclinaison et du mépris, du goût et du désir, de l'amour et de la haine. Qui maîtrisait les odeurs, maîtrisait le cœur des hommes. »

Patrick Süskind, *Le Parfum.*

ANATOMIE ET MÉDECINE

LE SYSTÈME LIMBIQUE

Chez l'homme, le système limbique est l'une des parties les plus anciennes du cerveau. Il est constitué de plusieurs noyaux situés sous le cortex.

Longtemps considéré comme « le siège des émotions » (agressivité, peur, plaisir et colère), il représente le dialogue entre le cerveau et le corps et joue également un rôle fondamental dans l'apprentissage de la mémoire et dans l'olfaction.

LE SYSTÈME OLFACTIF

Le système olfactif assure la perception et le traitement des informations des molécules odorantes par le cerveau.

À chaque inspiration, le nez aspire des molécules odorantes présentes dans l'air qui atterrissent dans la fosse nasale. Au sommet de cette fosse nasale se trouve la muqueuse olfactive qui contient des millions de neurones et ne mesure pas plus de 2,5 cm² chez l'homme.

LE SAVIEZ-VOUS ?

Un être humain peut distinguer, répertorier et mémoriser plus de 10 000 odeurs différentes.

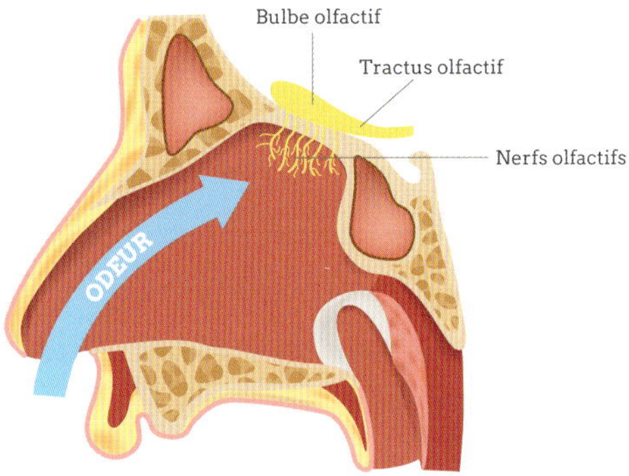

Le bulbe olfactif est la première région du système nerveux central à traiter l'information olfactive. Il effectue un traitement et un codage de l'information avant de l'envoyer vers les structures supérieures du cerveau : c'est ce qu'on appelle l'olfaction (sens qui permet d'analyser les substances chimiques volatiles présentes dans l'air).

Ce sens est moins utilisé chez l'être humain que chez de nombreux animaux (chiens, chats, requins, rongeurs...). L'humain peut toutefois distinguer sa propre odeur et celle de son partenaire. Par ailleurs, le cerveau et le cœur continuent à réagir à certains stimuli olfactifs durant le sommeil.

LE SAVIEZ-VOUS ?

L'animal qui a l'odorat le plus développé est le requin (surnommé « le nez de la mer »). Son centre olfactif peut occuper jusqu'à deux tiers de son cerveau et il peut ainsi repérer ses proies jusqu'à 75 m de distance.

LES TROUBLES DE L'ODORAT (DYSOSMIES)

La perte totale de l'odorat s'appelle l'anosmie. Elle peut concerner toutes les odeurs ou seulement certaines. Généralement, elle est accompagnée d'agueusie (la perte du goût).

Ces troubles sont le plus souvent dus à des traumatismes, des intoxications, à un virus ou des infections mal soignées. Elles peuvent être un signe précurseur de maladies neurodégénératives (Alzheimer, Parkinson).

La phantosmie est une forme d'hallucination : une odeur fantôme survient sans qu'une source d'odeur réelle soit présente.

LE SAVIEZ-VOUS ?

Chez la femme, le cycle menstruel, la grossesse et l'hormonothérapie influencent l'olfaction. Le nouveau-né, dès son troisième jour, se montre déjà capable de réagir à l'odeur de sa mère, à celle du lait maternel et de répondre à des odeurs agréables ou désagréables.

LA MÉMOIRE OLFACTIVE ET SON USAGE EN MÉDECINE

Nous l'avons déjà évoqué, la partie du cerveau qui analyse et interprète les odeurs est appelée bulbe olfactif. Il est situé à côté de l'hippocampe, cette zone qui a pour fonction de créer et de fixer les souvenirs, de sorte que nous avons plutôt une mémoire associative des odeurs qu'une mémoire absolue. Ces souvenirs sont souvent qualifiés de « proustiens » en hommage à l'anecdote de la madeleine rapportée par Proust qui évoquait des souvenirs olfactifs d'enfance.

Grâce à cette mémoire, les évocations olfactives soudaines et involontaires nous permettent de plonger dans notre passé. Contrairement aux mots qui sont liés à la pensée, les odeurs le sont directement à la zone de l'émotion située dans le cerveau. Les sens de la vue, de l'ouïe et du toucher ne passent pas par la zone de l'émotion et ne suscitent pas une réaction aussi intense.

LE SAVIEZ-VOUS ?

En France, les opérations « Nez de Cléopâtre » demandent à certains citoyens de noter leurs sensations olfactives quand ils sont à leur fenêtre, une fois par jour, afin de mieux suivre le trajet de certaines pollutions dans des villes industrielles, en cartographiant ces données croisées avec celles de la météo.

Depuis plusieurs années, la mémoire olfactive fait l'objet de recherches en médecine. En milieu hospitalier, une nouvelle méthode de rééducation est appliquée aux personnes souffrant d'amnésie : elles sont plongées dans le coma, pour essayer de raviver leur mémoire en leur présentant des odeurs familières (dont les préférences ont été communiquées par la famille). Par ailleurs, certaines odeurs peuvent également déclencher des symptômes de stress post-traumatique quand elles sont identifiées par le patient comme un souvenir négatif.

Ce procédé s'appelle l'olfactothérapie. Il est souvent combiné à l'aromathérapie.

UTILISATION DE L'ODORAT EN MARKETING

Qui, parmi nous, n'a jamais senti l'odeur d'une boulangerie ou d'un café en sortant du métro, suscitant ainsi pour la grande majorité d'entre nous une envie – immédiate – de croissant ou d'une boisson chaude ?

Apparu dans les années 1990, le marketing olfactif est devenu une véritable technique enseignée dans de nombreuses écoles de commerce. Elle a depuis longtemps fait ses preuves et ne cesse d'évoluer.

Elle repose sur la stimulation du système limbique. Le Danois Martin Lindstrøm, auteur de *Brand Sense*, dit : « De tous les sens, l'odorat est le plus persuasif. »

On retrouve cette technique dans les commerces, mais également dans les hôtels haut de gamme ou certains casinos, qui se sont associés à des maîtres parfumeurs pour créer leur propre « odeur signature ».

D'abord plébiscité par le luxe, le marketing olfactif s'est développé dans d'autres secteurs tels que l'automobile, la culture ou la santé. Les marques l'ont compris : les odeurs jouent sur les émotions et peuvent donc influer sur le désir d'achat.

Parmi les enseignes les plus réputées figurent Lush, Nature & Découvertes ou encore Abercrombie & Fitch. Chacune possède sa véritable identité olfactive (ou « logolf » dans le jargon marketing).

En France, on estime que 10 000 marques ont recours à cette technique de marketing et qu'elle augmente de 38 % les achats d'impulsion et de 50 % le nombre de visites.

Dans le secteur de la santé, bon nombre de cabinets dédiés au bien-être diffusent dans leur salle d'attente des odeurs de lavande et de romarin, afin de conduire les patients à un état de détente.

L'ENCENS DANS LES TEXTES

Dans les cosmogonies du monde entier, l'encens et le parfum sont indissociablement liés et tiennent une place très importante.

Dans la majorité des textes fondateurs, il est fait mention de l'encens comme un moyen de communiquer avec les dieux.

DANS LA MYTHOLOGIE GRECQUE

L'auteur latin Ovide a relaté cette légende dans ses *Métamorphoses*. Myrrha était la fille du roi Cinyras. Grâce à un stratagème, elle parvient à devenir l'amante de son père. Quand celui-ci le découvrit, il voulut la tuer, mais elle s'échappa dans les bois et pria les dieux de la bannir du monde des vivants et des morts. Elle fut alors transformée en arbre à myrrhe et accoucha d'Adonis, dieu grec de la Beauté et du Désir.

DANS LA BIBLE

Dans la Bible, le parfum apparaît dans le Paradis perdu. Le serpent aurait trempé la pomme dans le parfum le plus doux, ce qui conduisit Ève à succomber à la tentation. Le parfum est apporté par Adam et Ève en souvenir de l'amour fusionnel avant la chute.

Dans les textes qui composent la Bible, il est fait mention de l'encens 170 fois environ.

L'encens fait partie des présents offerts à l'Enfant Jésus par les Rois mages, Melchior, Balthazar et Gaspard, venus d'Orient. Melchior aurait apporté l'or (ou de l'ambre jaune), Balthazar, ce roi aux traits noirs, la myrrhe et Gaspard, l'encens.

Dans l'Apocalypse 8,3-4, il est écrit : « Un autre ange vint se placer sur l'autel ; il portait un encensoir d'or ; il lui fut donné quantité de parfums pour les offrir, avec les prières de tous les saints, sur l'autel d'or qui est devant le Trône. Et par la main de l'ange, monta devant Dieu la fumée des parfums, avec les prières des saints. »

Selon les textes anciens, la reine de Saba serait partie rejoindre le roi Salomon en emportant avec elle ses encens les plus précieux pour lui en faire cadeau. « Il n'y eut jamais d'aromates comme ceux que la reine de Saba donna au roi Salomon. » (Ancien Testament, Deuxième Livre des Chroniques 9,9).

Selon l'historiographe romain Flavius Josèphe, la reine de Saba aurait aussi apporté en Israël les premiers spécimens de *Commiphora myrrha* (arbre à myrrhe) (Antiquités judaïques 8 : 165-73).

DANS LE TALMUD

Dans le Talmud, la Kétoret représente l'encens offert à Dieu. Selon la religion juive, le secret de la Kétoret aurait été dévoilé à Moïse lorsqu'il monta au ciel pour recevoir la Torah.

Durant la célébration de Yom Kippour, le Grand Prêtre pénétrait dans le temple de Jérusalem pour l'offrir à Dieu.

La Kétoret serait un mélange spécial de onze herbes et épices brûlé deux fois par jour sur un « autel d'or » qui se situait dans le Temple.

DANS LES CONTES DES *MILLE ET UNE NUITS*

Les *Mille et Une Nuits* est un recueil de trente contes populaires d'origine persane, indienne et arabe. L'histoire du sultan Shahryar qui tua son épousée après avoir découvert son infidélité est racontée. Afin de ne plus être trompé, il décida d'exécuter chaque matin la femme qu'il aurait épousée la veille. Shéhérazade, la fille du grand vizir, se proposa alors de se marier avec le sultan. Aidée de sa sœur, elle lui raconta chaque nuit un conte dont la fin était reportée au lendemain. Peu à peu, Shéhérazade gagna sa confiance et, au bout de 1 001 nuits, il renonça à la faire exécuter.

Le thème de l'encens est présent dans ces différents contes qui expliquent comment celui-ci était utilisé dans la tradition arabe pour recevoir ses hôtes. Cette tradition est toujours respectée aujourd'hui.

INDEX

* **Agarbatti :** Terme indien pour désigner les bâtons d'encens (en langue sanscrite, le terme « agar » signifie « arôme »).

* **Anosmie :** Trouble de l'odorat ou perte totale de l'odorat.

* **Ayurveda :** Médecine traditionnelle indienne, tient son nom du sanskrit « ayur » qui signifie « la vie » et de « veda » qui signifie « la connaissance ».

* **akhoor :** Le nom arabe donné aux briques parfumées ou aux mélanges d'ingrédients naturels traditionnels utilisés au Moyen-Orient, constitués de copeaux de bois imbibés d'huiles parfumées et mélangés à d'autres ingrédients naturels tels que le bois de santal ou du musc.

* **Boswellia :** Le genre Boswellia regroupe une vingtaine d'espèces d'arbres ou d'arbustes de la famille des Burséracées originaires d'Afrique ou d'Asie, produisant une résine aromatique.

* **Chakra :** Issu des croyances de l'hindouisme, le mot chakra signifie « roue d'énergie ». Il désigne les « centres de lumière et d'énergie » et aurait une réalité physique et physiologique au même titre que les autres organes.

* **Commiphora :** Genre botanique de la famille des Burseraceae.

* **Dhoop :** Type d'encens extrudé, dépourvu d'un noyau de bâton de bambou. Il a en général une odeur très concentrée et émet beaucoup de fumée lorsqu'il est brûlé.

* **Encens :** Substance résineuse aromatique, qui brûle en répandant une odeur.

* **Encensoir :** Cassolette suspendue à des chaînettes dans laquelle on brûle l'encens lors des cérémonies.

* **Franckincense :** Mot anglais provenant de l'ancien français « franc » et signifiant « vrai encens ».

* **Kôdô :** Terme japonais « *koh* » qui signifie « encens » – art traditionnel japonais tout comme l'Ikebana (l'art traditionnel des fleurs) et Chanoyu (ou Sado, la cérémonie du thé) – signifie « la Voie de l'encens ». Il peut se définir comme l'art d'apprécier le parfum des encens.

* **Kyphi** : « *Deux fois bon* », mélange d'épices et huiles essentielles très réputé dans l'Égypte antique.

* **Oliban :** Mot arabe « *al-luban* » (le lait) qui désigne la résine naturelle de l'arbre Boswellia sacra.

✱ **Makko :** Le tabu-no-ki est un bois très utilisé car prisé pour son écorce, dont la pâte argileuse est appelée *makko*. Cette pâte *makko* est généralement roulée en fin bâtonnets coupés de manière égale, qui sont ensuite laissés sécher sur des plateaux en bois, emballés puis distribués.

✱ **Masala :** Préparation composée d'un mélange d'épices, employée en Inde et dans les pays de l'océan Indien.

✱ **Moxibustion :** Pratique de la médecine chinoise qui vise à réchauffer à l'aide de moxas (bâtonnets d'armoise séchée) que l'on fait brûler à proximité des points des méridiens pour les chauffer. Elle se présente comme une alternative à l'acupuncture et à l'acupression.

✱ **MTC :** Médecine traditionnelle chinoise.

✱ **Myrrhe :** Gomme-résine au parfum agréable fournie par diverses essences du genre Commiphora (burséracées) et en usage depuis l'Antiquité.

✱ **Nerikô :** mélange japonais de boulettes réalisées à partir de poudre de bois d'agar, de bois de santal, de miel et d'autres plantes odoriférantes.

✱ **Phantosmie :** : trouble de l'odorat – perception d'odeurs fantômes.

✱ **Phytothérapie :**

Traitement des maladies par les plantes ou leurs extraits.

✱ **Pyrogénation :** Réaction chimique obtenue sur un corps soumis à une forte élévation de température.

✱ **Résine :** Substance collante et visqueuse qui suinte de certains végétaux.

✱ **Smudging :** Terme anglais qui signifie la purification par la fumée. Il s'agit d'une cérémonie culturelle employée par différents peuples autochtones vivant principalement au Canada et en Amérique latine.

✱ **Thirouaye :** Terme qui signifie « encens » en wolof. Il s'agit de l'un des éléments phares du patrimoine culturel sénégalais.

✱ **Wicca :** Originaire de la mouvance européenne du néopaganisme, cette pratique s'est développée à l'échelle internationale. La wicca comprend des éléments de croyances mêlant le chamanisme, le druidisme et les mythologies gréco-romaine, slave, celtique et nordique.

✱ **Xiang :** En chinois, le terme pour désigner l'encens est « *xiang* ». Ce terme signifie également « parfum, odeur, arôme et épice ». Ce terme est si important en Chine que ce caractère représente encore aujourd'hui une clé essentielle de l'écriture chinoise classique.

5, rue Saint-Germain l'Auxerrois 75001 Paris
Directeur de publication : Didier Ballot
Directrice éditoriale : Marie Roussos
Édition : Loriane Pak-Bishop
Correction : Laurence Petit et La Machine à mots
Création graphique et mise en pages : Nord Compo

Photographies : © Thomas Gourmelon
(couverture, p. 4, p. 10-11, p. 12-13, p. 24-25, p. 30-31, p. 40, p. 42-43, p. 46, p. 50-51, p. 56, p. 70, p. 80, p. 86-87 et bande intérieure)

Crédits iconographiques : © Shutterstock

ISBN : 978-2-38355-131-7
Dépôt légal : septembre 2022
Achevé d'imprimer en UE par Mazarine Networks en décembre 2022